30 DEVOCIONALES
» PARA CHICAS «

NATALIA NIETO

e625.com

30 DEVOCIONALES PARA CHICAS
e625 - 2023
Dallas, Texas
e625 ©2023 por Natalia Nieto

Todas las citas bíblicas son de la Nueva Biblia Viva (NBV) a menos que se indique lo contrario.

Editado por: **María Gallardo**
Diseño: **Nati Adami / Luvagraphics**

ISBN: 978-1-954149-14-4

IMPRESO EN ESTADOS UNIDOS

CONTENIDO

INTRO

Así como cada mujer es distinta, también el tiempo "en secreto" o de devocional que cada una vive con Dios es diferente. Esto me encanta porque significa que no hay recetas ni nada que nos limite en cuanto a la manera de tener nuestro encuentro diario con Dios. De hecho, la forma de hacerlo que más disfrutamos y que más se adecua a nuestra personalidad es algo que vamos descubriendo poco a poco en nuestro caminar con Él. Esto debe ser un proceso de aprendizaje, sobre todo para que no se vuelva una carga sino que sea un deleite y una necesidad que sintamos todos los días.

Yo disfruto mucho de mi tiempo con Dios, ¡y no te imaginas cuántas veces el Señor me ha levantado con su Palabra! Tal vez por eso, porque he podido encontrar en mi tiempo devocional la presencia de Dios, y porque este tiempo es lo que me da aire para cada día y el ánimo que necesito en los momentos de presión, es que me emocionó tanto la idea de escribir estos devocionales para treinta días.

Cada versículo, reflexión e historia que vas a leer es algo que yo he vivido y aprendido en algún momento de mi caminar con Dios. También hay notas de muchas de mis prédicas, pero no es algo netamente teórico. ¡Es algo que he experimentado y que nace de mi corazón! Por eso oro para que el Espíritu Santo hable a tu vida a medida que avanzas en la lectura de estas páginas y para que, dentro de treinta días cuando termines este libro, puedas llevarte nuevas herramientas y pensamientos que te ayuden a tener una vida devocional más rica y más profunda. Así que alista tu kit devocional (a tu estilo), dispón tu corazón para recibir, ¡y prepárate para el desafío!

DÍA 1:
¡ESTE ES EL DÍA!

Presta atención al siguiente versículo:

"Este es el día que ha hecho el Señor; regocijémonos y alegrémonos".

Salmos 118:24

¿Qué es lo primero que piensas cuando lo lees? Tal vez te suceda lo mismo que a mí. ¡Yo lo relaciono automáticamente con ir a la iglesia el domingo! El problema es que esto puede hacernos pensar que "ese" es el día que el Señor hizo, y entonces dejamos de ver el resto de los días de la semana como importantes… Sin embargo, ¡hoy es un día especial! No importa qué día sea cuando comiences a leer este libro, quiero que amplíes tu visión y creas que hoy es un día especial, creado por Dios para ti (¡porque todos los días lo son!), y que sientas que hoy puedes alegrarte en Dios y en las promesas de su Palabra.

A veces, al iniciar el día, lo primero que pensamos es en lo duro, atareado o aburrido que será. Hacemos esto por diversas razones. En ocasiones abrimos las cortinas y, según el estado del clima, asumimos que tendremos un buen o un mal día. Otras veces, dependiendo de las tareas que nos esperan, ya sea en el estudio o el trabajo, nos desanimamos o nos estresamos por anticipado. Puede que la noche anterior hayas recibido una mala noticia, o hayas tenido un conflicto con tus padres o con tu mejor amiga. O puede que te hayas enterado de algo que te dolió acerca del muchacho que te gusta. En estas circunstancias, es fácil que saques la conclusión de que será un día terrible, o que sientas "que te levantaste con el pie izquierdo".

> **NECESITAS DECIDIRTE A VER CADA DÍA COMO UN REGALO DEL CIELO**

¡A partir de hoy necesitas decidirte a ver cada día como un regalo del Cielo! Debes despertarte pensando que hoy es un día que Dios hizo para ti, y esperar lo bueno. Claro que tal vez tengas que enfrentar más de un desafío hoy, pero eso no significa que Dios no vaya a estar a tu lado. ¡La Biblia dice que Jesús prometió estar con nosotros todos los días hasta el fin del mundo! Por eso, no solo debemos agradecer que es un nuevo día y estamos vivas, sino que, independientemente de las circunstancias, debemos tomar la decisión de alegrarnos por la fe y decidirnos a recibir este día confiadas en que Su Presencia no solo nos llenará de paz sino que nos reconfortará en el momento que lo necesitemos.

En este día Jesús está a tu lado. Y si en algún momento del día te parece que está lejos, ¡recuerda que no es cierto! Él está contigo. Él lo dijo y es así.

Ahora, además de animarte a adoptar esta perspectiva espiritual, quiero darte un *tip*: encara cada día con una actitud optimista. Si abres las cortinas y ves que llueve, ¡pues alista la ropa de invierno que más te guste y prepárate para lucir tus botas de lluvia! A veces nosotras quisiéramos borrar del calendario los días difíciles. Pero necesitamos aprender no solo a orar para que el Señor nos dé su alegría cada mañana, sino a hacer nuestra parte para que disfrutemos incluso en medio de las dificultades.

Esto me recuerda la historia de la mujer que sufría de flujo de sangre. ¿La recuerdas? Ella había estado doce años enferma. ¡Eso son más de cuatro mil días que le habrán resultado difíciles sin duda alguna! Había gastado todo su dinero intentando salir de su condición. Además, esta enfermedad la marginaba de la sociedad, lo que seguramente la hizo sentir afligida, rechazada, sola. Seguramente sus días empezaban con gran tristeza… ¿Puedes imaginar cómo se sentía? No sería fácil después de tanto tiempo esperar que algo bueno sucediera, y más aún cuando ya había gastado todo su dinero y esfuerzo sin conseguir nada… Sin embargo, era una mujer decidida, que no se daba por vencida fácilmente. Pese a todo, ella seguía esperando que algo bueno sucediera. Y un día, en medio de tantos malos días… Un día vio que Jesús pasaba por donde ella estaba, y decidió acercarse a Él. Se arriesgó a hacer algo diferente aun en medio de su condición. Y ese día, ella recibió el milagro de sanidad que tanto esperaba. Para muchas otras personas ese día fue como cualquier otro, pero para esta mujer ese día fue especial. Ese día marcó un antes y un después en su vida… ¿y por qué? Porque decidió acercarse a Jesús, y eso lo cambió todo.

Hay momentos en la vida en los que tus días parecen todos iguales. Es como que solo debes levantarte, darle *play*, y cada día es la misma canción repetida una y otra vez. Pero hoy quiero que pienses diferente, y que te decidas a creer que Dios puede hacer de este día un día extraordinario. Hoy es un día para acercarte a Él… y entonces tal vez algo ocurra en ti. ¡Anímate a tocar su manto! ¡Hoy podrías ser sorprendida por Su poder!

No te dejes llevar por lo que sientes. Créeme: si lo haces te vas ahogar en un mar de incertidumbre. Decide recibir este día con esperanza. Él lo hizo para ti, y seguro hay algo bueno que Él quiere darte o enseñarte hoy. ¡Qué emocionante es iniciar el día así!

EXAMINA TU CORAZÓN

- ¿En qué momento de la vida, o por qué razón, dejaste de empezar cada día esperando que te pasen cosas buenas?

- ¿En qué área de tu vida necesitas decidir que, por la fe, te alegrarás hoy?

- ¿Qué es lo que te impide acercarte hoy al Señor y recibir de Su poder?

OREMOS JUNTAS

¡Señor, nos decidimos a tener expectativas en este día acerca de lo que puedes mostrarnos y hacer en nosotras! Dejamos a un lado la idea de que es un día común y corriente, nos sacudimos la incredulidad y la rutina, y abrimos nuestros corazones y nuestros ojos para ti.

Señor, hoy me extiendo y busco tocarte porque sé que solo con tu toque, mi vida y mi día serán diferentes. Hoy declaro con mis labios que tengo un día lleno de tu amor inagotable, que tus misericordias me rodean, y que veré tu mano obrando a mi favor. Decido ver este día con los ojos de la fe. ¡Gracias, porque este es un día que hiciste para mí! ¡Lo recibo con gratitud y con expectativa!

Amén.

DÍA 2:
NO TE CANSES DE SEMBRAR

Hay un versículo que me gusta mucho:

"Así que no nos cansemos de hacer el bien, porque si lo hacemos sin desmayar, a su debido tiempo recogeremos la cosecha".

Gálatas 6:9

Ahora bien, yo no soy una campesina. Ni siquiera una jardinera. No soy experta en sembrar, cosechar o cuidar plantas. En casa tengo literalmente cuatro maticas pequeñas que cuidamos con mi hija mayor, porque las matas grandes creo que volverán cuando mi hijo menor crezca un poco y ya no quiera jugar con las hojas y la tierra como actualmente hace.

Sin embargo, sí tengo algo de experiencia en atravesar situaciones en las que, por mejorar una relación con alguien (por ejemplo, mis padres o una amiga) he sentido que Dios me llevaba a sembrar, a dar, a trabajar duro por eso. También he pasado por momentos que me han desanimado, y por temporadas difíciles que me han hecho creer que no valía la pena, que era mejor dejar las cosas así y no seguir "sembrando", porque sencillamente no veía resultados. ¿Te ha pasado alguna vez?

Quizás te sientes así ahora. Desanimada. Llevas meses, o incluso años, esforzándote por llevarte mejor con tu mamá, o con tu papá, o con alguno de tus hermanos, o con ese compañero de universidad o del trabajo. Has intentado, y continúas intentando, con todas las estrategias que conoces, anhelando ver algún cambio. Oras, bendices, saludas, tienes detalles, haces algún favor, no contestas sino que buscas callar buscando la paz y no generar conflictos, perdonas, sonríes… ¡has aplicado mil y un *tips* para que no haya conflicto y para que en esa relación se vea un cambio! Sin embargo, aún no ocurre lo que esperas ver… No hay una actitud diferente de la contraparte, y ni siquiera en tu interior hay algún nuevo sentimiento naciendo que pueda ayudar a la restauración o a la cercanía.

¡Quiero decirte que eso nos pasa a todas, y que es algo natural! De hecho, a todos los seres humanos nos gusta ver cambios rápidos y nos cuesta hacer lo correcto por un largo tiempo. Tal vez por eso la Biblia nos habla tantas veces de los agricultores y de su admirable trabajo. Por ejemplo, en Santiago 5:7 dice: "Por eso, hermanos, tengan paciencia hasta que el Señor venga. Sean como el agricultor que espera a que la tierra dé su precioso fruto y aguarda con paciencia las temporadas de lluvia".

El factor clave de aquellos que trabajan y viven de lo que siembran es que son pacientes. El agricultor no está estresado mirando la tierra que acaba de sembrar y preguntándose por qué la semilla no brota rápido. Y después, cuando la planta crece, tampoco se desespera pidiendo que dé fruto antes de tiempo para así poder cosechar antes. El agricultor sabe que la cosecha viene luego de un trabajo arduo y de un proceso que lleva tiempo. Confía en que, si él hace su parte, después la lluvia llegará y hará su parte, y todo lo sembrado irá sien-

> **EL FACTOR CLAVE DE AQUELLOS QUE TRABAJAN Y VIVEN DE LO QUE SIEMBRAN ES QUE SON PACIENTES**

do transformado y, con el tiempo, lo que una vez fue una semilla pequeña llegará a ser una cosecha fructífera.

Sé que todo esto de la paciencia y el trabajo arduo es algo que no nos gusta mucho oír. ¡Pero es clave para entender cómo funcionan las relaciones y para no frustrarnos ni desanimarnos durante el proceso! Hoy quiero invitarte a que veas esa relación por la que vienes trabajando como si fuera una tierra de siembra que Dios te ha confiado. Hace muchos años yo no lo veía así. Yo sencillamente actuaba y oraba para que Dios mediara en mis relaciones con otros. Pero un día comencé a ver las cosas desde esta perspectiva, imaginándome a mí misma como una agricultora, y sabiendo que Dios está a mi lado ayudándome y velando por este terreno. A partir de ese momento fue mucho más fácil ver que mis actos de perdón, bondad, etc., eran semillas, y que Dios iba a abonar la tierra, a quitar malezas, y a enviar la lluvia a su tiempo, pero que yo debía sembrar y dar y dar y dar… confiando en que aunque en el momento no viera nada, mis esfuerzos no eran en vano, y en que poco a poco, con tiempo y paciencia, vería frutos.

¿Sabes? He ido viendo frutos con el paso del tiempo, y también he aprendido que este es un proceso que me hace ser paciente. Si me conoces un poco por los mensajes que predico, por las historias que cuento, y por mi forma de hablar rápido, ya sabrás que tengo la tendencia a ser una mujer hiper-mega-acelerada (¡ja!). Lo increíble es que hoy yo miro atrás y digo ¡Wow! ¡Soy más paciente que antes! No soy la misma de hace cinco o diez años atrás. He ido madurando. Y no lo digo por la edad o algo así, sino porque muchas veces he tenido que sembrar mucho y aprender a esperar. En algunas áreas ya apareció la cosecha, y en otras aún sigo sembrando y todavía no veo nada florecer. Pero sé que puedo confiar en el Señor, y sé que algún día veré frutos.

Hoy quiero animarte a que no te canses, a que no bajes tus brazos, a que no olvides eso que algún día anhelaste pero que hace meses dejaste atrás y por lo que ya ni oras. ¡Inténtalo una vez más! Desempolva ese sueño y comienza a orar de nuevo y a trabajar por ello con paciencia. Retoma tu esperanza, vuelve a la tierra y siembra, riega, cuida, abona… ¡Trabaja de la mano del Señor y no te rindas! Levanta tu fe y sigue amando, dando, perdonando, sirviendo. Confía en que el Señor ve todo tu esfuerzo y Él te recompensará a su tiempo.

Aquí te regalo unos versículos que podrán animarte durante el proceso:

"Los que siembran con lágrimas cosecharán con alegría".

Salmo 126:5

"… el que siembra mucho, mucho cosechará".

2 Corintios 9:6

EXAMINA TU CORAZÓN

- ¿Desde hace cuánto tiempo abandonaste la siembra?

- ¿Qué cosas hacías y luego dejaste de hacer por no ver los resultados que esperabas?

- ¿Podrías entregarle esa frustración al Señor y volver a poner tus manos y corazón en la tierra para trabajarla con esperanza y paciencia? (Si tu respuesta es sí, ¡te animo a hacerlo ahora mismo!)

OREMOS JUNTAS

Señor, reconocemos que no siempre tenemos fuerza ni ánimo para seguir. No nos dejes caer en la tentación de rendirnos, de abandonar, de dejar de creer que vale la pena sembrar aunque nuestros ojos no vean aún ninguna señal de que viene la etapa de germinación de aquello que hemos sembrado. Te entregamos el cansancio, reconocemos que hemos creído mentiras del enemigo y que hemos abandonado lo que nos has confiado, por pensar que no valía la pena seguir dando o sembrando allí. ¡Perdónanos! Hoy nos decidimos a volver a esa tierra que nos has confiado, nos arremangamos y volvemos a trabajar, sembrando, dando, amando... creyendo que cada esfuerzo que hacemos es una semilla que, bañada con tu sangre, dará fruto a su tiempo.

Yo veo con mis ojos de fe la tierra floreciendo, y sé que llegará el tiempo de la cosecha porque tú lo has dicho y así decido hoy creerlo. ¡Gracias Señor!

Amén.

DÍA 3:
¡A DESPERTARSE!

Hoy quiero compartir contigo algo que Dios habló a mi vida hace años, y que hoy en día es uno de mis temas fijos para tratar con mis líderes mujeres universitarias. Mira lo que dice en Efesios 5:14:

"Despiértate, tú que duermes; levántate de entre los muertos y Cristo te alumbrará".

Si te fijas bien, este versículo nos dice que existen dos problemas: Podemos estar dormidas, o podemos no levantarnos. Por otro lado, en el mismo versículo Dios nos da una hermosa promesa, y es que si vencemos estos dos problemas seremos alumbradas por la presencia del Señor. ¡¿Quién no anhela eso?!

Ahora tómate un minuto para reflexionar sobre tu propia vida. ¿Podrías acaso estar dormida? En mi etapa de soltera, una vez Dios me mostró que yo lo estaba, y al analizar mi vida pude incluso identificar cuáles eran las cosas que "me habían arrullado" para que entrara en ese sueño. ¿Quieres un ejemplo? Bueno, aunque te parezca raro, algo que me tenía dormida era la idea que había alojado en mi mente de que las princesas se duermen, y que se ven hermosas dormidas, y que lo que deben esperar para despertar y ser felices es que un príncipe las bese... ¡Y es que así se supone que te despiertas según los cuentos y los dibujos animados!

¿No te parece terrible esto que hemos creído? Cuando yo me di cuenta de que había alojado esta mentira en mi cabeza durante tanto tiempo, dije: "¡No puede ser!" Y creo que, lamentablemente, a todas nos pasa de alguna manera... Pareciera que es algo que está en nuestro inconsciente colectivo femenino.

Al enemigo le encanta mantenernos dormidas con este tipo de mentiras, pero debemos romper de una vez por todas esas creencias, y decir: "¡Se acabó! ¡Yo no vivo para dormir! ¡Jesús no murió por mí para que yo esté roncando! ¡Jesús me dio vida, y debo vivir cada día al máximo! ¡Debo despertarme y levantarme, porque hay un propósito diario por conquistar!".

HAY UN PROPÓSITO DIARIO POR CONQUISTAR

Pero retomemos por un momento el ejemplo de las princesas dormidas, porque creo que hay algo más por descubrir allí. Piensa en Blancanieves. ¿Conoces la historia? Ella se duerme porque es engañada por una bruja que le muestra una manzana muy fresca y hermosa. Esto nos hace ver algo, y es que el enemigo nos muestra "manzanas" que pueden llamarnos la atención pero tienen veneno por dentro. El diablo nos dice: "¡Prueba! ¡Mira esta delicia, no te la pierdas!" ... y nosotras caemos en su trampa, y cuando menos lo pensamos, nos dormimos.

Por eso, necesitas encender tus sentidos espirituales para poder distinguir esas manzanas podridas que te van a dormir en tu propósito con el Señor. A veces damos por sentado que las cosas "buenas" que se nos cruzan por el camino, o las más "llamativas", siempre son bendiciones del Señor, y entonces no nos tomamos el trabajo de filtrar esas "oportunidades" que se nos presentan en la vida. ¡Recuerda que el enemigo es un experto en mostrarnos cosas aparentemente muy buenas y engañarnos! Debes aprender a escanear todo lo que se te presente, pues efectivamente puede venir de Dios, o puede ser algo que te distraiga o te desvíe de tu propósito.

Ahora bien, ya analizamos el problema de estar dormidas. ¿Recuerdas cuál era el segundo problema? Podemos estar despiertas pero… ¡no levantarnos! Esto es como cuando eras más pequeña y venían a despertarte por la mañana y tú decías: "Cinco minutos más, por favor". Muchas veces hacemos lo mismo con Dios. Estamos despiertas pero seguimos debajo de las cobijas, y comenzamos a negociar con Dios: "Mira, ya abrí mis ojos… pero por favor dame un ratito más antes de decidir sobre ese tema, ¿sí?". Otras veces le decimos: "Ya te escuché, Señor, y estaré gustosa de hacer lo que me has pedido, tan pronto me levante… o sea en un mes… o tal vez dos…". Y así se nos va pasando el tiempo, y el resultado es que nuestra fe no se traduce en obras (lo que es bastante serio, porque ¿de qué sirve tener los ojos abiertos si seguimos en pijama y entre las cobijas?).

En ocasiones el tiempo se nos pasa porque damos vueltas y vueltas sobre un mismo tema, contemplamos demasiado las distintas opciones, alimentamos excusas… y terminamos por no llevar jamás nuestra fe al terreno de la acción. Por eso hoy quiero animarte y decirte: "¡¡Despierta yaaaaaa, y levántate pronto!!!". No esperes a que llegue un hombre, o una beca, o un viaje, o ganarte la lotería para hacerlo. ¡Levántate de la cama ahora mismo, y comienza a vivir lo que Dios ha planeado para ti!

Hay una luz del cielo que quiere alumbrarte. Hay ideas que el Señor quiere revelarte. Hay nuevos caminos y planes que Él desea enseñarte. Hay una tierra por conquistar, y para hacerlo tienes que salir de una vez del "país de los sueños". ¡Que estés dormida no es la voluntad de Dios para ti!

Ahora, quiero que también pienses en esto: ¿Podrías acaso estar sonámbula? ¡Cuidado, porque yo creo que esto puede pasarnos también! Estar sonámbulas es estar de pie fuera de la cama, ¡pero dormidas! Una persona sonámbula puede levantarse, andar y hablar mientras duerme. Esto me recuerda a cuando hacemos las cosas en "piloto automático". Tú puedes orar, ser voluntaria en tu iglesia, leer la Biblia, e incluso liderar a otros, sin estar conectada realmente con Dios. ¿Te das cuenta? Puedes parecer despierta pero en realidad estar dormida. ¡Me aterra de solo imaginarlo!

Pero no te preocupes, hay una esperanza para todos estos problemas. Vivir dormidas es vivir en la oscuridad. ¡Acércate a la luz que es Cristo y podrás despertar de verdad!

EXAMINA TU CORAZÓN

- ¿Podrías identificar cuáles son los factores que te "arrullaron" o que te tienen dormida? Intenta analizar con cuidado cada uno, de dónde surgió y hace cuánto tiempo.

- ¿Qué es lo que has estado esperando que ocurra para despertar y levantarte? (O, dicho de otra manera, ¿por qué no te has levantado hasta ahora?).

- ¿Qué pasaría en tu vida y a tu alrededor si hoy despertaras y te levantaras? ¿Estás dispuesta a hacerlo? (¿Qué esperas entonces? ¡Ánimo!).

OREMOS JUNTAS

Señor, hoy te pedimos perdón por esas ideas que creímos acerca de que somos como las princesas de cuento, que siempre dependen de lo que las rodea, de otras personas o de factores externos, y que no pueden asumir la responsabilidad por su vida. Hoy te pedimos que nos ayudes a soltar las cobijas, a huir de los falsos arrullos y a tener discernimiento para poder escapar de la tentación de las manzanas envenenadas. Que podamos de corazón volvernos a ti, y ser mujeres que no solo parecen despiertas, sino que sus actos reflejan que sí lo están. Queremos que tú seas nuestra fuente de luz, para saber por qué camino andar guiadas por ti.

¡Espíritu Santo, despiértame! ¡Sé tú mi alarma! No me dejes quedarme en la cama, ni levantarme pero estar sonámbula. Yo anhelo ver tu luz y levantarme para que mis actos impacten el mundo que me rodea. ¡Quiero que mis actos demuestren mi fe de manera genuina! ¡Gracias Señor por abrir mis ojos a través de tu Palabra!

Amén.

DÍA 4:
DIOS ME CUIDA

Cuando me levanto muy a la madrugada a orar, una de las cosas que más disfruto es ese precioso momento justo antes del amanecer en el que se oye a los pajaritos cantar. Lograr oírlos en una ciudad tan ruidosa como es Bogotá para mí es un milagro, pero parece que en la zona en que vivo los árboles que nos rodean han logrado acoger a muchos pajaritos con sus nidos, y eso no solo me alegra sino que me hace pensar en el cuidado de Dios.

Hace unas semanas estaba yo con ese sonido de fondo, y de repente recordé el pasaje de Mateo 6:26:

"Fíjense en los pájaros, que no siembran ni cosechan ni andan guardando comida, y el Padre celestial los alimenta. ¡Para él ustedes valen más que cualquier ave!".

En medio de una necesidad por la que estaba orando y pidiéndole ayuda al Señor, fue muy claro sentir en mi corazón a Dios diciéndome: "Shhh... ¡escucha!", y entonces ese canto cerca de mi ventana me recordó este versículo, y empecé a orar de manera diferente. ¡Fue muy especial! Vinieron muchas imágenes de aves a mi mente, de todos los colores y tamaños, y podía sentir cómo resonaba en mi corazón la voz del Señor diciéndome: "Tú vales más que los pajaritos. No dudes de que, no solo conozco tu necesidad, sino que amo cuidarte". A partir de ese momento yo dejé de "rogar", tratando de convencer a Dios para que me ayudara en una necesidad que tenía, y en cambio comencé a darle gracias por su cuidado.

Ahora, piensa en las flores que ves cuando caminas por la calle, las que están en los jardines y plazas cerca de tu casa. Cuando yo dejo a mi hija en el colegio paso por varios jardines con flores, y veo temprano en la mañana sus pétalos húmedos por el rocío de la madrugada. Dios provee el agua y el sol que esas flores necesitan, y me alegra pensar que cada amanecer trae para mí el rocío de su misericordia. ¡Yo soy para Él más valiosa que esas flores, y sé que Él cuidará de mí! Recuerda esto cada vez que veas una flor. ¡Eres valiosa para Dios y Él tiene cuidado de tu vida! ¿No te da paz pensar en eso?

A veces pasamos por situaciones que nos hacen sentir solas… Hay momentos donde no tenemos los recursos necesarios para lograr conquistar ciertos sueños, y es fácil dudar del cuidado del Señor. Posiblemente has tenido momentos en los que parece que en tu familia todo se pone al revés, y te sientes perdida porque no sabes cómo puedes ayudar a encontrarle una salida a la crisis. O guardas en tu corazón el dolor por algo que has sufrido y eso te hace sentirte "olvidada" por Dios. ¡Hoy quiero que tomes esos pensamientos y los rompas! Necesitas creer y declarar con tu boca todo lo contrario: "Si Dios cuida de las aves, ¡mucho más cuidará de mí!".

Quiero compartirte una historia personal. Yo crecí escuchando testimonios de predicadores que contaban cómo a sus casas les llegaba la provisión económica cuando estaban necesitando algo puntual para ellos o para su familia. Siempre me impresionaron esas historias, pero te confieso que yo en mi interior decía: "¡Claaaro… es que ellos son los que predican! Son importantes y taaan santos que es por eso que…". Sin embargo hace poco tiempo, durante la pandemia de COVID-19, sucedió algo. Nuestros ingresos en casa disminuyeron notablemente, y tuvimos que hacer muchos ajustes en nuestro presupuesto. Nunca nos faltó nada, es cierto, y el Señor estuvo allí con nosotros, pero hubo unos meses durante los cuales, además de todas las limitaciones económicas que ya estábamos pasando, llegaron varias enfermedades a casa. Mi hijo necesitaba unas terapias, yo desarrollé una tendinitis fuerte en mis pies, y lo que teníamos realmente no nos permitía cubrir todos los gastos de los tratamientos y sus respectivos medicamentos. En eso estábamos cuando de repente un día me llamaron al celular y me dijeron que una persona que yo no conocía quería hacerme llegar un dinero porque Dios había puesto en su corazón ayudarnos como familia. Yo me decía a mí misma: "¿Es en serio? ¿Ahora me pasa a mí?". Y sí, efectivamente, llegó el dinero a la cuenta bancaria. Y para completar la alegría, luego llegó un mercado de frutas a la puerta de nuestro edificio esa misma semana.

Ahora bien, tal vez tú estés pensando mientras lees: "¡Claaaro... esto te pasó a ti por ser Natalia!" (y ya sabes que te entiendo, porque yo pensé eso mismo antes con respecto a otros). Sin embargo, yo quiero animarte a que no limites tu fe creyendo que el cuidado detallista de Dios es para otros y no para ti. ¡Eso no es cierto! La verdad es que Dios te cuida, ¡porque tú le importas mucho!

Necesitamos aprender a despertar nuestros sentidos, y a tener expectativas de lo que Dios puede hacer por nosotras. Quiero animarte a eso, a que venzas el escepticismo, y por el contrario creas que hoy mismo verás el cuidado de Dios. Tú eres mucho más valiosa que los pájaros, y el Señor desea consentirte con sus detalles. ¡Hoy es un día para descansar en el cuidado y en el amor inagotable de Dios!

> **NECESITAMOS APRENDER A TENER EXPECTATIVAS DE LO QUE DIOS PUEDE HACER POR NOSOTRAS**

Recuerda que la Biblia dice en el Salmo 36:5:

"Tu firme amor, Señor, es grande como los cielos. Tu fidelidad va más allá de las nubes".

Cierra tus ojos por un instante (bueno, termina primero de leer y luego lo haces, ¡ja!), e imagínate a ti misma como un ave o una flor delicada, hermosa y llena de color, pero que depende de su Creador para recibir el alimento que necesita para este día. Mientras lo haces, cuéntale al Señor tus necesidades, y luego piensa en cómo Él te mira con ojos de cuidado y te envía su ayuda...

EXAMINA TU CORAZÓN

- ¿Crees realmente que Dios conoce tu necesidad aun antes de que se la digas? ¿Por qué sí, o por qué no?

- ¿Puedes recordar alguna vez en la que hayas experimentado su amor y su cuidado de una manera especial? ¿Cuándo fue y qué sucedió?

- ¿Sientes que puedes descansar en el cuidado del Señor y en su provisión para tu vida? ¿Cómo debería verse esta confianza reflejada en tu forma de encarar cada día?

OREMOS JUNTAS

Señor, hoy dejamos de pensar que no somos visibles para ti, y nos decidimos a creer lo que dice tu Palabra: que somos más valiosas que las aves y las flores, y que tú nos cuidas.

Padre, hoy yo echo fuera de mi corazón el temor y cualquier duda que pudiera tener sobre tu cuidado, y decido creer la verdad de tu Palabra. Confío en que tu amor es inagotable, y eso me sostiene y me da seguridad. ¡Gracias por ser un Dios que cuida de las aves, pero sobre todo gracias por ser un Dios que cuida sus hijos! ¡Gracias Señor por la paz que me da el saber que tú me conoces y me cuidas! ¡Gracias Señor porque me siento valiosa en tu mirada! ¡Y gracias Señor porque las aves y las flores siempre me recordarán lo importante que soy para ti!

Amén.

DÍA 5:
TOC, TOC

Hay una enseñanza muy interesante que nos dejó Jesús en Mateo 7:7 acerca de la oración, y es esta:

"Pidan y se les concederá lo que pidan. Busquen y hallarán. Toquen y se les abrirá la puerta".

¡Así es! En este día quiero hablarte del "Toc, toc", y para comenzar quiero preguntarte: ¿Qué tanto golpeas la puerta del Cielo, y con cuánta fe lo haces? ¿Has batallado alguna vez con la incredulidad?

Cierta vez oí al pastor Steven Furtick decir que no es tan fácil que toques a una puerta cuando la última vez que lo hiciste no se te abrió. Esto quedo resonando en mi mente, y sobre eso quiero conversar contigo hoy.

Tal vez en ocasiones tu espíritu quiere tocar la puerta celestial, pero en tu alma aparece la incredulidad intentando convencerte de que no lo hagas. Pueden venir argumentos a tu mente como: "¿Por qué hacerlo de nuevo? ¡Ya he orado muchas veces por esto y no he recibido repuesta!". O tal vez lo que te juegue en contra sean tus emociones, por experiencias anteriores de oraciones que no fueron respondidas como tú deseabas, o que aún están en proceso de espera. Tal vez sientas desilusión, tristeza o frustración.

El problema de quedarnos en lo que sentimos y pensamos es que eso afecta las decisiones que tomamos (o sea, nuestra voluntad). Entonces sucede lo que vimos recién: es posible que te demores más en volver a tocar la puerta la próxima vez, o que lo pienses dos veces, o que lo hagas con menos frecuencia o solo para ciertos temas, y no para todas tus necesidades.

Y hay algo peor aún. Con el paso del tiempo (y la influencia del enemigo, que no desea que tengamos una relación con Dios) puede suceder que haya épocas en tu vida en las que te acerques a la puerta pero ya no toques... Tal vez solo suspires y te des la vuelta...

El peligro es que si pasa más tiempo, es probable que llegues a tomar tanta distancia que termines acostumbrándote a mirar la puerta desde lejos, y ya no te acerques más.

¡Necesitas cuidarte de la incredulidad! Tarde o temprano las circunstancias externas que estás atravesando se resolverán, pero si tu vida espiritual es minada por el enemigo, ¿dónde puedes acabar?

Hace un tiempo me tocó a mí luchar con este tema. Oré por la salud de mi papá, pero en cinco días él falleció. A los dos meses de esto, dos personas que amamos mucho como familia pasaron por una prueba de salud también muy difícil y estuve orando muchos días por el milagro de sanidad que ellos necesitaban... y no ocurrió. De nuevo el ambiente de muerte apareció. Pasó el tiempo, y yo pensaba que eran temas cerrados; un día llegó a mi vida una prueba nueva, y realmente me costó mucho volver a creer mientras oraba. Sentía que me costaba tocar a la puerta con seguridad. ¿Te ha pasado esto alguna vez?

Hay una historia en Marcos 9:17-24 que me ayudó mucho en ese momento, y hoy quiero compartirla contigo porque creo que puede ayudarte a ti también. La historia comienza cuando alguien se acera a Jesús y le dice:

27

"—Maestro, te traía a mi hijo porque tiene un espíritu que no lo deja hablar. Cada vez que el espíritu lo toma, lo arroja al suelo y le hace echar espumarajos por la boca y crujir los dientes; y mi hijo se queda tieso. Pedí a tus discípulos que echaran fuera al espíritu, pero no lo lograron.

[...]

— ¿Cuánto tiempo lleva en estas condiciones? —le preguntó Jesús al padre.

—Desde pequeño —contestó—. Muchas veces el espíritu lo arroja en el fuego o en el agua, tratando de matarlo. Por favor, si puedes hacer algo, ten misericordia de nosotros y ayúdanos.

— ¿Que si puedo? —dijo Jesús—. Cualquier cosa es posible si crees.

Al instante el padre exclamó:

—Creo; pero ayúdame a no dudar".

Yo le doy gracias a Dios porque en la Biblia vemos milagros, ¡pero también amo leer historias en las que los personajes son tan reales y humanos como tú y yo!

Este padre le dijo a Jesús "ayúdame a no dudar". En otras versiones leemos "ayúdame en mi incredulidad". Y mi reacción es decir ¡aleluya!, porque en este pasaje yo veo que podemos ser honestos con el Señor, que podemos decirle: ¡Señor, por favor, ayúdame a creer! ¡Ayúdame a golpear a tu puerta con confianza, Señor! ¡Ayúdame a orar aun en medio de mis dudas y de mis miedos!

La Biblia dice que el Señor es compasivo:

"Pero tú, oh Señor, eres Dios de compasión y misericordia, lento para enojarte y lleno de amor inagotable y fidelidad".

Salmos 86:15 (NTV)

Además, Jesús intercede por nosotros y el espíritu Santo ora cuando no sabemos qué decir:

"¿Quién nos condenará? Cristo fue el que murió y volvió a la vida, el que está en el lugar de honor junto a Dios, intercediendo por nosotros".

Romanos 8:34

"De igual manera, el Espíritu nos ayuda en nuestras debilidades. Es cierto que no sabemos qué debemos pedir, pero el Espíritu ora por nosotros con gemidos tales que no se pueden expresar con palabras".

Romanos 8:26

> **DIOS NO ESPERA QUE SIEMPRE ESTEMOS BIEN CUANDO NOS ACERCAMOS A ÉL**

Por eso, como te decía antes, lo importante es que jamás te alejes de la puerta. A veces nuestra fe se hiere cuando nuestra oración no es respondida, o cuando no entendemos por qué pasamos por ciertas cosas. Pero, ¿sabes algo? Dios entiende. Dios no espera que siempre estemos bien cuando nos acercamos a Él. Podemos ir a nuestro Padre Celestial con nuestras dudas, preguntas, pecados, dolores… de hecho, ¡es cuando más lo necesitamos!

EXAMINA TU CORAZÓN

- ¿Has sentido alguna vez que la incredulidad o la duda limitaran tus oraciones? ¿Por qué crees que sucedió esto, o cuál fue la causa?

- ¿Cuán confiada te has sentido últimamente al acercarte a Dios en oración, en especial al tocar temas en los que alguna vez no recibiste la respuesta que esperabas?

- ¿Crees que a partir de hoy puedes decidir acercarte a Dios aun cuando tengas dudas? (¡Recuerda que incluso puedes pedirle que te ayude a no dudar!).

OREMOS JUNTAS

Señor, renunciamos a las mentiras que hemos creído y a los pensamientos que nos dicen que a veces no vale la pena orar porque no pasa nada, porque no oyes, porque no respondes. Te pedimos que nos ayudes en nuestra incredulidad, y ponemos nuestra fe herida delante de ti para que la sanes.

Espíritu Santo, por favor ora por mí cuando yo no sepa cómo hacerlo. Y Señor, quiero decirte que a partir de hoy yo me decido a tocar a la puerta de nuevo. Me dispongo a orar confiadamente, creyendo en tu bondad, en tu amor compasivo y en tu deleite por ayudarme cada día. Gracias Señor por recibirme siempre con los brazos abiertos.

Amén.

DÍA 6:
AMOR POR ENCIMA
DEL DOLOR

Hoy quiero pedirte que recuerdes algún gran dolor físico que hayas vivido desde que eras niña hasta hoy. Tal vez tuviste una fractura, o te sacaron alguna muela, o hayas sido operada de algo y tuviste un tiempo de recuperación doloroso. O tal vez recuerdes una corte horrible cuando quisiste hacer una receta pero no usaste bien el cuchillo.

Cuando algo nos duele no podemos hacer mucho más en el momento. Solo quejarnos, y movernos de un lado a otro (a no ser que el dolor sea tan grande que no aguantemos ni un mínimo movimiento). También podemos llorar o gritar.

Aunque todos tenemos diferentes umbrales de dolor, lo que sí es cierto es que cuando nos duele algo no actuamos de manera muy educada, sino que el dolor suele hacernos reaccionar de una manera distinta a lo usual. Eso ocurre tanto con el dolor físico como cuando tenemos dolor en el interior del corazón. El cerebro no logra pensar bien y reaccionamos sin mucho cuidado, porque es la manera de intentar defendernos de eso que nos causa dolor (aunque en general, en vez de atacar al dolor terminamos atacando a algún pobre inocente que se nos cruzó en el camino, ¡ja!).

Ahora bien, la pregunta es: ¿habrá alguna manera en que podamos ver los momentos de dolor con otro significado? ¿Podríamos de alguna manera conservar la capacidad de decidir bien, incluso en momentos de dolor y presión extrema? ¿O sencillamente debemos resignarnos a que el dolor nos inunde por dentro y nos impida tener el control de nuestra forma de actuar?

Jesús pasó por un momento de dolor intenso poco antes de ser crucificado. Sucedió en un jardín con árboles de olivo llamado Getsemaní (palabra que significa "lugar de prensa" o "prensa de aceite"). Fue allí también donde lo arrestaron por la traición de Judas, y de hecho este jardín se identifica hasta el día de hoy como el lugar de mayor agonía del Señor. Leamos la historia en Mateo 26:36-46 (NTV):

"Entonces Jesús fue con ellos al huerto de olivos llamado Getsemaní y dijo: «Siéntense aquí mientras voy allí para orar». Se llevó a Pedro y a los hijos de Zebedeo, Santiago y Juan, y comenzó a afligirse y angustiarse. Les dijo: «Mi alma está destrozada de tanta tristeza, hasta el punto de la muerte. Quédense aquí y velen conmigo».

Él se adelantó un poco más y se inclinó rostro en tierra mientras oraba: «¡Padre mío! Si es posible, que pase de mí esta copa de sufrimiento. Sin embargo, quiero que se haga tu voluntad, no la mía».

Luego volvió a los discípulos y los encontró dormidos. Le dijo a Pedro: «¿No pudieron velar conmigo ni siquiera una hora? Velen y oren para que no cedan ante la tentación, porque el espíritu está dispuesto, pero el cuerpo es débil».

Entonces Jesús los dejó por segunda vez y oró: «¡Padre mío! Si no es posible que pase esta copa a menos que yo la beba, entonces hágase tu voluntad». Cuando regresó de nuevo adonde estaban ellos, los encontró dormidos porque no podían mantener los ojos abiertos.

Así que se fue a orar por tercera vez y repitió lo mismo. Luego se acercó a sus discípulos y les dijo: «¡Adelante, duerman y descansen! Pero miren, ha llegado la hora y el Hijo del Hombre es traicionado y entregado en manos de pecadores. Levántense, vamos. ¡Miren, el que me traiciona ya está aquí!»".

También leemos en Lucas 22:44 que Jesús

"Estaba tan angustiado, que se puso a orar con más intensidad, y su sudor caía a tierra como grandes gotas de sangre".

Jesús estaba "en la prensa", sufriendo física, espiritual, mental y emocionalmente. ¡Pero a través de ese sufrimiento estaba por completar el propósito que Dios le había dado: traer salvación al mundo! Sin embargo, aun así, en su angustia Él dijo: "Si se pudiera, ¡yo realmente quisiera no tener que estar pasando por esto!". (¿Lo ves? Él nos entiende cuando sufrimos, ¡porque sabe lo que se siente al atravesar momentos difíciles!).

En medio de su dolor Jesús nos enseñó varias cosas: por un lado, Él abrió su corazón al Padre todas las veces que lo necesitó. El texto dice que tres veces estuvo orando, y podemos deducir que lo hizo por un largo tiempo. En sus momentos de mayor angustia, Él buscó acercarse a su Padre, y con confianza pudo decirle cómo se sentía.

Otra cosa que hizo, y que nos deja un gran ejemplo, es que aun en medio de tanta presión como la que estaba atravesando, en lugar de reaccionar mal, Él restauró a otros (nosotras muchas veces nos autojustificamos cuando tratamos mal a los demás, simplemente porque "tenemos un mal día". ¡Pero para Jesús este era probablemente el peor día de su vida, y aun así se tomó tiempo para tener un gesto de amor hacia otros!). Fíjate lo que dice el texto bíblico. Después de orar llegaron a arrestar a Jesús, Judas lo entregó con un beso, y en ese momento pasó algo inesperado:

"Entonces Simón Pedro, que tenía una espada, la desenvainó, e hirió al siervo del sumo sacerdote, y le cortó la oreja derecha. Y el siervo se llamaba Malco. Jesús entonces dijo a Pedro: Mete tu espada en la vaina...".

Juan 18:10-11 (RVR60)

Pedro no era un asesino. De hecho, yo ni siquiera creo que él haya querido cortar la oreja de Malco. Creo que no era hábil con la espada, y en su enfrentamiento hizo un movimiento sin calcular que eso pasaría. Ahora bien, lo que sí creo es que Pedro sacó su espada porque reaccionó en su dolor. ¡Él quería hacer algo por quien amaba, por su Maestro! Pero, en su dolor, terminó lastimando a otro...

Esto es lo mismo que muchas veces nos pasa a nosotras: cuando nos sentimos angustiadas, presionadas, oprimidas, o tristes, reaccionamos en nuestro dolor y, al igual que Pedro, terminamos por lastimar a las personas que tenemos alrededor.

Ahora mira cómo sigue la historia:

"Jesús les ordenó: ¡Basta ya, déjenlos!'. Entonces tocó la oreja del hombre y lo sanó".

Lucas 22:51

Luego de decirle a Pedro que guardara la espada, Jesús, aun en medio de su gran dolor, se ocupó de sanar la oreja de este soldado romano. En su agonía, en su dolor, en el momento de la traición, en medio de los soldados que lo estaban arrestando, Jesús hizo su último milagro de sanidad...

¿Sabes por qué? Porque el amor está por encima del dolor.

Una vez más Jesús nos dio el ejemplo, enseñándonos que en cualquier circunstancia podemos dar ayuda a quien la

> **POR ENCIMA DE TU DOLOR, TÓMATE TIEMPO PARA RESTAURAR A OTROS**

necesita. Por eso, hoy quiero invitarte a que, por encima de tu dolor, te tomes tiempo para restaurar a otros. ¡Que seas una restauradora de orejas!

Usualmente, cuando estamos mal, lo que queremos es que otros nos den, nos ayuden, nos sirvan. ¿Qué sucedería si siguiéramos el ejemplo de Jesús y nos decidiéramos a ayudar a otros y a mostrar el amor de Dios incluso en medio de nuestro dolor? ¡Estoy segura de que marcaríamos una diferencia en este mundo!

EXAMINA TU CORAZÓN

- ¿Cómo reaccionas cuando estás en atravesando un momento difícil, ya sea de sufrimiento físico o emocional?

- ¿Qué cosas son las que te hacen reaccionar?

- ¿Crees que podrías hoy decidirte a guardar tu espada y a hacer de tus manos un instrumento de restauración? ¡Díselo al Señor ahora mismo!

OREMOS JUNTAS

Señor, te abrimos nuestro corazón y reconocemos que hay cosas que nos duelen, y que este dolor hace que reaccionemos mal con otras personas. ¡Te pedimos perdón por cortar tantas orejas! Muchas veces no fue nuestra intención lastimar a otros, pero lo hicimos de todos modos.

Jesús, te pido que me ayudes a ser como tú. Que aun en medio de mi dolor pueda hacer una pausa y ver el dolor de las personas que tengo alrededor, y que pueda usar mis manos para sanar sus heridas. Cuando me toque pasar por un Getsemaní, aunque no entienda por qué, y aunque esté sufriendo, ayúdame a recordar que en ese lugar puedo ser usada por ti para ayudar a otros, siguiendo el ejemplo que me diste. Te entrego mi dolor y te entrego mi espada. Hoy la suelto y decido que, en lugar de reaccionar en mi dolor, voy a ocuparme en restaurar a otros en tu amor.

Amén.

DÍA 7:
¡CELEBRA LOS PEQUEÑOS COMIENZOS!

Quiero iniciar este día contándote de manera breve una historia de la Biblia para que entiendas mejor el versículo central que elegí para compartir contigo hoy.

En determinado momento, el reino de Judá fue advertido por Dios sobre su pecado de idolatría y desobediencia. Si ellos no se volvían a Dios, serían llevados cautivos por setenta años a Babilonia... y así fue. Finalmente, los persas subieron al poder, y cuando pasaron los años de ser esclavos, el rey de ese tiempo les dijo que los que desearan volver a Jerusalén, podían hacerlo. Así, a lo largo de un periodo de más de noventa y cinco años, ellos regresaron a su tierra en tres momentos diferentes con diferentes líderes: Zorobabel, Esdras y Nehemías.

Zorobabel lideró al primer grupo, de unas 42.000 personas. Luego de aproximadamente cuatro meses de viaje llegaron a Jerusalén y se encontraron con que ya no había muros, ni templo, y todo había sido incendiado. La preciosa ciudad se había convertido en ruinas y escombros.

Zorobabel entonces comenzó a dirigir la reconstrucción del altar y después empezó a organizar la reconstrucción del templo. Lo que llamó mi atención de esta historia fue que en medio de todo eso, y como era tanto el trabajo, las personas, e incluso el líder, tuvieron momentos de desánimo. Habían pasado meses y recién estaban poniendo los cimientos...

¡faltaba mucho para ver la ciudad restaurada y el templo del Señor reconstruido! Sin embargo, en ese momento, el Señor levantó un profeta que les dijo:

"No desprecien este humilde comienzo, porque los ojos del Señor se deleitan en ver el trabajo iniciado, al ver la plomada en la mano de Zorobabel ...".

Zacarías 4:10

En otras palabras, Dios le dijo al pueblo: "¡Hey, es tiempo de celebrar que ya comenzaron! ¡Claro que falta mucho para terminar, pero ya no están como hace unos meses! ¡Ya iniciaron el trabajo, y eso es motivo de fiesta!"

"Cuando se completó la construcción de los cimientos, los sacerdotes, vestidos con sus túnicas sacerdotales, hicieron sonar las trompetas, y los descendientes de Asaf hicieron sonar sus címbalos, para alabar al Señor de la manera ordenada por el rey David. Cantaban y alababan a Dios dando gracias, y entonaban esta canción: «Dios es bueno, porque para siempre es su misericordia con Israel». Entonces todo el pueblo gritó con gran júbilo y alabó al Señor, porque se habían echado los cimientos del templo".

Esdras 3:10-11

¡El Señor le enseñó a Zorobabel que se debía celebrar el *inicio* del cambio! De la misma manera, nosotras necesitamos aprender a celebrar cada vez que damos un paso de cambio hacia una nueva dirección para nuestra vida, ¡aunque todavía haya ruinas y falte mucho tiempo para terminar! Si somos sinceras, muchas de nosotras hubiéramos celebrado al finalizar toda la reconstrucción de Jerusalén (y efectivamente, al finalizar todo, también se hizo una gran fiesta), y eso está bien. Es bueno cerrar bien una etapa y festejar cuando logramos algo. Pero lo que yo aprendí de esta historia es que para Dios el inicio es igual de importante que el final, ¡y también puede ser un motivo de celebración!

¿Estás tratando de mejorar en ciertas áreas de tu vida?

¡Celebra cuando des el primer paso de cambio!

> **¿ESTÁS TRATANDO DE MEJORAR EN CIERTAS ÁREAS DE TU VIDA? ¡CELEBRA CUANDO DES EL PRIMER PASO DE CAMBIO!**

¡Celebra que saliste del estado de quietud!

¡Celebra que estás iniciando algo nuevo!

Ahora bien, aquí hay otro punto que debemos entender: celebrar lo que iniciamos despertará oposición. El enemigo no quiere que inicies algo bueno en tu vida, y por eso siempre buscará formas de desanimarte. ¡Tú debes aprender a discernir cuando el enemigo te quiere desanimar, para que no logre su propósito!

Cuando los enemigos de Zorobabel vieron que habían iniciado la obra, enviaron cartas al rey con mentiras para que frenaran la obra, ¡y esta fue suspendida por dieciséis años! (¡Eso es mucho tiempo!) Así que después tuvieron que retomar la obra, ¡y era difícil! Si para nosotras hoy en día retomar una dieta o nuestra rutina de ejercicios después de unas semanas es duro, ¡imagina lo duro que habrá sido para Zorobabel y para el pueblo retomar la obra después de dieciséis años! Sin embargo, con la ayuda de Dios pudieron hacerlo. ¡Cobraron ánimo y volvieron a la obra hasta terminarla!

Por eso hoy quiero animarte a que aprendas a celebrar los pequeños inicios, e incluso el reinicio de cosas que en algún momento dejaste paralizadas. Tal vez este devocional de 30 días sea un reinicio en tu relación con Dios. Tal vez hace meses habías dejado de orar, o no estabas alimentando tu vida espiritual, pero un día decidiste hacer un pequeño cambio y hoy estás en el Día 7 de este libro. ¡Celébralo! Estás retomando la reconstrucción de tu fe, ¡y eso es maravilloso!

¿Te diste cuenta de que en general no celebramos el inicio de las cosas, ni el proceso, sino solo el final? Probablemente porque el mundo nos vendió desde niñas que lo que hacemos es importante únicamente si logramos entrar en el cuadro de honor, o izar la bandera en la escuela. Que el esfuerzo es digno de aplaudir solo si logramos ganar la beca o estar en el primer lugar del podio. ¡Nadie nos felicitaba por comenzar algo, o por avanzar hacia la meta! Por eso también es que hoy en día no nos entusiasmamos al iniciar una actividad, sino solo cuando podemos tachar en nuestra agenda una actividad completada.

Hoy Dios quiere hablarnos y decirnos que no se trata solo de llegar a la meta, sino de todo el trabajo que hacemos desde el inicio. ¡A Dios le gustan los pequeños comienzos!

Celebra los pequeños inicios en tu familia. Celebra los inicios (o los reinicios) en tu relación con Dios. ¡Y celebra cada pequeño comienzo en tu vida como un acto de fe por la victoria final!

EXAMINA TU CORAZÓN

- ¿En qué área de tu vida, o en cuál de las cosas que alguna vez te propusiste hacer, es donde más has recibido oposición? ¿Qué hiciste, o qué crees que podrías hacer ahora al respecto?

- Piensa en algo que iniciaste hace un tiempo y luego se detuvo. ¿Qué sucedió? ¿Crees que podría ser ahora el momento de reiniciarlo?

- ¿Cómo está en este momento tu relación con Dios? ¿Hay algo que te gustaría iniciar o reiniciar en esta relación? ¿Qué es?

OREMOS JUNTAS

Señor, te damos gracias porque tú nos enseñas que cada paso del camino importa. Gracias porque en tu Palabra nos muestras que tú no solamente ves los pequeños inicios, ¡sino que los celebras!

Señor, yo te pido que me ayudes hoy. Reconozco que mucha de mi frustración es porque tengo sueños, pero los veo lejanos e imposibles de realizar. Miro todo el camino que falta y eso hace que me desanime y baje mis brazos. Ayúdame a mirar con tu mirada, y a valorar el hecho de que ya inicié el camino, o retomé lo que había dejado atrás. ¡Ayúdame a celebrar los pequeños inicios! Te doy gracias por ser un Dios que no solo está conmigo al final de la carrera sino en cada etapa de la misma. ¡Te amo, Señor!

Amén.

DÍA 8:
PERSISTE UNA VEZ MÁS

Algo que me gusta mucho al leer la Biblia es cuando logro ver la humanidad genuina de los personajes. Es decir, cuando los autores nos dejan ver sus preguntas, dudas, emociones y reacciones a flor de piel. Eso hace que sea más fácil identificarnos, inspirarnos y aprender de ellos, no solo desde el acierto de sus decisiones, sino incluso a través de los errores y de las batallas que atravesaron.

Un día, el autor del Salmo 94, al ver como el pueblo de Dios sufría, hizo una oración pidiéndole a Dios que interviniera a favor de ellos en medio de la tiranía por la que estaban atravesando. En ese clamor, él mismo declaró algo interesante, y es que sería imposible que Dios no los ayudara, pues Él veía y oía a su pueblo:

*"¿Acaso no oirá el que nos hizo los oídos,
ni podrá ver el que nos formó los ojos?".*

Salmos 94:9 (NVI)

En otras palabras, el salmista dijo: "¡Pero por favor! ¡Claro que Dios nos ve, y claro que nos oye!". También un poco más adelante escribió que Dios nunca rechazará a su pueblo ni lo abandonará pues es su posesión más preciada. ¡Vaya! ¿Escuchaste eso? ¡Dios dice de nosotras que somos su posesión más preciada!

Es cierto que esta verdad del Salmo 94 puede resultar obvia para quienes creemos en Dios, pero probablemente todas en algún momento luchamos con la idea de que Dios estaba sordo y ciego a nuestra necesidad, problema o crisis. ¿Te ha pasado? En mi caso personal, en ciertos momentos de extrema presión he tenido que batallar con estos pensamientos. ¿Dónde estás, Señor? ¿Acaso me has oído? ¿Estás viendo lo que me pasa?

Cuando me siento así, este salmo realmente me ayuda, pues el autor, que parece que en un momento dudara, luego logra responderse a sí mismo, como si de repente cayera en la cuenta de que está hablando con el Dios del universo, y dijera: "¡Claro que oyes y ves todo!".

El Señor está atento a tu clamor y te tiene siempre presente. ¡Él tiene tu nombre escrito en Su mano!

"Miren, en la palma de mi mano he grabado su nombre y ante mí tengo perpetuamente el cuadro de las derribadas murallas de Jerusalén".

Isaías 49:16

> **DIOS NO ABANDONA A SU PUEBLO, ¡Y YO SOY SU HIJA!**

Así que recuerda: si en algún momento Satanás te susurra al oído: "Mira… parece que el Señor te ha abandonado…", tú debes decir: "¡No! ¡Eso es mentira! Escrito está en el Salmo 94 que Dios no me ha desamparado ni lo hará jamás, porque Él no abandona a su pueblo, ¡y yo soy su hija!".

Ahora bien, posiblemente a todas nos surja la misma pregunta: ¿qué puedo hacer cuando Dios no responde mi oración? ¿Qué debería creer, hacer o tener presente para no desfallecer en esos momentos de impotencia, de impaciencia y de espera? La respuesta que hoy voy a darte puede resumirse en esta palabra: PERSISTE.

En Lucas 18:1-8 Jesús les contó a sus discípulos una parábola acerca de una mujer que fue muy persistente con el juez en una petición. Después de contarles esta parábola, Jesús les dijo a sus seguidores:

"Entonces el Señor dijo: «Aprendan una lección de este juez injusto. Si hasta él dio un veredicto justo al final, ¿acaso no creen que Dios hará justicia a su pueblo escogido que clama a él día y noche? ¿Seguirá aplazando su respuesta? Les digo, ¡él pronto les hará justicia! Pero cuando el Hijo del Hombre regrese, ¿a cuántas personas con fe encontrará en la tierra?»".

Lucas 18:6-8 (NTV)

El objetivo de Jesús con esta parábola era enseñarles a sus discípulos que no desmayaran en su oración. Cuando hablamos de persistir, que es lo que hizo la viuda, hablamos de tener firmeza y constancia durante un largo tiempo. Hablamos de mantenernos quietas y firmes, perseverando y permaneciendo. Siempre aparecerán obstáculos que se interpondrán en el camino de la oración constante, ¡pero debemos lograr vencerlos!

1 Tesalonicenses 5:17 (NTV) dice: *"Nunca dejen de orar"*, y Dios me ha enseñado a lo largo de los años que la persistencia que yo necesito desarrollar al orar no es para torcerle el brazo a Él, haciéndolo cambiar de opinión, sino que la persistencia me cambia a mí. Me hace crecer en mi carácter y mi fe. ¡La persistencia en la oración trae un elemento transformador a nuestras vidas, porque genera en nosotras determinación!

Jacob, en el Antiguo Testamento, también es un ejemplo de persistencia. Leemos en Génesis 32:26 (NVI) lo que él dijo luego de haber estado toda la noche peleando con el ángel del Señor:

"Entonces el hombre le dijo:

—¡Suéltame, que ya está por amanecer!

—¡No te soltaré hasta que me bendigas! —respondió Jacob".

Jacob había tenido una noche larga, pero era persistente. Él pensó: "No importa la hora que sea, o lo que tenga que hacer, ¡no te dejaré hasta recibir mi bendición!".

Hoy día nosotras debemos seguir el ejemplo de Jacob. Necesitamos tener hambre y expectativa de ver la mano del Señor interviniendo en nuestra vida. No podemos conformarnos o resignarnos a lo que nos ataca y ceder al plan del enemigo.

Aquí hay otra cosa importante que quiero compartir contigo: al persistir, te aconsejo que te rodees de otros, es decir, que no lo hagas sola, y que cuentes con personas que te apoyen en oración. Hay momentos donde las cosas pueden ponerse más difíciles para ti, y es bueno tener personas a nuestro lado en quienes sabemos que podemos confiar. La resistencia espiritual requiere compañeros de trinchera, ¡compañeros de guerra! Piensa que incluso Jesús les pidió a sus amigos que oraran con Él cuando atravesaba un momento difícil:

"«Tengo el alma llena de tristeza y angustia mortal. Quédense aquí conmigo. No se duerman»".

Mateo 26:38

¡Cuánto más necesitamos hacerlo tú y yo!

Sé que muchas veces las mujeres creemos que podemos "arreglarnos solas". Pero eso no está bien. Necesitamos dejar el orgullo y permitir que otros nos ayuden en tiempos de crisis. No te imaginas la cantidad de veces que, en situaciones difíciles, han sido otros los que han levantado mis brazos y me han ayudado a resistir cuando sentía que mi fe desfallecía. ¡Te animo a rodearte de personas que te acompañen y animen en los tiempos buenos y en los malos también!

EXAMINA TU CORAZÓN

- En general, ¿en tu vida eres persistente o tiendes a abandonar fácilmente las cosas? Piensa en algunos ejemplos. ¿Por qué crees que eres así?

- ¿Alguna vez te has rendido al orar por algo en especial durante mucho tiempo? ¿Qué sucedió? ¿Crees que si hubieras tenido personas que te apoyaran en tu oración te hubieras rendido? ¿Por qué sí, o por qué no?

- ¿Crees que algo de lo que estás viviendo actualmente puede ser una oportunidad que Dios te esté dando para desarrollar perseverancia y resistencia en tu carácter?

OREMOS JUNTAS

Señor, hoy decidimos ser perseverantes en nuestras oraciones, por encima de lo que podamos sentir o de lo que pueda argumentar nuestra mente. Renunciamos a creer las mentiras del enemigo que dicen que eres insensible, que no te importamos o que no nos oyes ni nos ves. ¡Sabemos que la Biblia dice todo lo contrario! ¡Sabemos que tu oído está atento a escuchar nuestro clamor, y que eres un Dios que nos ve en todo momento!

Señor, ayúdame a crecer en esta área de mi carácter. Quiero retomar algunas oraciones que había abandonado, y aprender a ser persistente como la viuda. Te doy gracias desde ahora por lo que vas a hacer, no solo en mi vida, sino también en la situación por la que te estoy pidiendo. ¡Te amo Señor, y sé que me amas también!

Amén.

DÍA 9:
NUESTROS PIES

Abraham Lincoln dijo: *"Asegúrese de poner los pies en el lugar correcto, y luego manténgase firme"*. Excelente consejo, ¿verdad? Y no solo para el Sr. Lincoln los pies son importantes. Para Dios, nuestros pies y la manera como caminamos son muy importantes.

Veamos, ¿qué nos dice la Biblia acerca de los pies?

Bueno, por un lado, nos dice que debemos cuidar por donde andamos:

"Hay caminos que al hombre le parecen rectos, pero que al final terminan en muerte".

Proverbios 14:12

"Hay seis cosas que el Señor odia,
no, son siete las que detesta:
los ojos arrogantes,
la lengua mentirosa,
las manos que matan al inocente,
el corazón que trama el mal,
los pies que corren a hacer lo malo,
el testigo falso que respira mentiras
y el que siembra discordia en una familia".

Proverbios 6:16-19 (NTV)

¿Has visto dentro de qué lista tan terrible están "los pies que corren a hacer lo malo"?

Algunas de nosotras, en ciertas áreas de nuestra vida, no hemos caminado en terreno santo... De hecho, podemos tener marcas, cicatrices de "accidentes" que sufrimos por causa de nuestras malas decisiones. ¡Por supuesto que Dios puede perdonarnos y restaurarnos! Pero ciertamente es un buen consejo tener cuidado por dónde andamos...

La Biblia también nos advierte que nuestros pies no deben seguir el mal:

"Traza un sendero recto para tus pies;
permanece en el camino seguro.
No te desvíes;
evita que tus pies sigan el mal".

Proverbios 4:26-27 (NTV)

Yo he descubierto que, así como el aprender a caminar es un proceso por el cual todas pasamos cuando éramos bebés, lo mismo ocurre en el camino de la fe. ¡Necesitamos aprender a caminar como hijas de Dios!

> **APRENDER A CAMINAR COMO CREYENTES TAMBIÉN IMPLICA DESAPRENDER ALGUNAS COSAS**

Aprender a caminar bien como creyentes no solo implica empezar a hacer cosas nuevas (ahora oro, ahora digo amén, ahora obedezco), sino que también implica desaprender algunas cosas. Por ejemplo, para seguir a Jesús tendrás que dejar hábitos que eran cómodos para ti, pero que no traían salud para tu alma (algunos ejemplos son: el ser negativa, el buscar chisme en cada conversación, la mentira, el robo, la rebeldía, etc.).

A todos nos encantan los versículos como Deuteronomio 11:24-25 (NTV):

"Todo lugar que pises con la planta de tus pies será tuyo. […] Dondequiera que vayas en la tierra, nadie podrá hacerte frente, porque el Señor tu Dios hará que los habitantes te teman y se espanten, tal como lo prometió".

Pero, ¿sabías que esta promesa tiene una condición?

Justo antes dice:

"Si ustedes obedecen cuidadosamente todos los mandamientos que les doy, y aman al Señor su Dios, andan en todos sus caminos, y lo siguen...".

Deuteronomio 11:22

Aprender a caminar implica obediencia a la Palabra de Dios y a su Espíritu. Es difícil que lleguemos a la tierra prometida caminando a nuestra manera y no a la manera de Dios. Observa lo que dice este versículo:

"Moisés me dijo: "El sector de la tierra de Canaán en la que estuviste te pertenecerá a ti y a todos tus descendientes para siempre, porque le fuiste fiel a mi Dios y Señor»".

Josué 14:9

¡Caminar en la senda correcta implica obedecer a Dios y mantenernos fieles a Él! es que tus pies también deben ser pies de servicio a Dios:

Ahora, hay algo más acerca de tus pies que quiero decirte, y

"¡Cuán hermosos son sobre los montes los pies de quienes traen la feliz noticia de paz y salvación, la nueva de que el Dios de Israel reina!".

Isaías 52:7

¡Dios bendice nuestros pies cuando somos portadores para otros de las buenas nuevas de salvación! Al ser hija de Dios eres Su sierva, y tus pies te llevarán a lugares para que hables de Dios y así ayudes a otros. No necesitas tener un nombramiento oficial para esto, ni una tarima y un micrófono. Ni siquiera necesitas viajar muy lejos (¡aunque claro que puedes hacerlo!). Recuerda esto: cuando vayas a reunirte con tu familia, con tus amigas, con tus compañeros de estudio o de trabajo, puedes llevar en tus pies un mensaje de paz y de servicio, para que el amor de Dios sea real y vivo. ¡Eso sí que es usar bien tus pies!

EXAMINA TU CORAZÓN

- ¿Qué tan obediente has sido en el pasado? ¿Qué historia cuentan tus pies? ¿Por qué lugares han caminado, que desearías no lo hubieran hecho?

- ¿Qué pasaría si cuidaras más tu andar? ¿Estás dispuesta a cambiar tu forma de caminar, aprendiendo y desaprendiendo lo que sea necesario para poder ser fiel a Dios y obediente a Su Palabra? ¿Cuáles son los primeros tres cambios que harás?

- ¿Qué historia quisieras que contaran tus pies a partir de hoy? ¿A quiénes crees que te llevará el Señor para que les muestres su amor y les compartas las buenas nuevas de salvación?

OREMOS JUNTAS

Señor, queremos cuidar nuestros pies, queremos cuidar nuestro andar... Perdónanos por las veces en que no lo hemos hecho, y hemos resbalado por andar en caminos de maldad. Sabemos que eso nos ha causado dolor, no solo a nosotras, sino también a ti.

Señor, te pido que me ayudes a ser obediente a tu Palabra, a aceptar la corrección, y a caminar en tus caminos. Padre, ayúdame también a usar mis pies para llevar el mensaje de salvación a otros. Ayúdame a tener actos de servicio hacia mi familia y amigos, y ayúdame a ser sensible a las necesidades de mis compañeros de estudio o de trabajo. ¡Que yo pueda mostrarles tu amor a las personas con las que comparto cada día!

Amén.

DÍA 10:
SIEMPRE ME VES

Hoy quiero invitarte a que pensemos juntas en una historia muy conocida que encontramos en Génesis capítulo 16. El contexto general es que Abraham y Sara eran ya mayores de edad, y aún no tenían hijos. Llevaban diez años viviendo en Canaán, y aunque Dios les había dado una promesa, el tiempo había pasado y todavía no había llegado ningún bebé. Entonces un día Sara le dijo a su esposo que se uniera a Agar, su esclava egipcia, para tener descendencia. Abraham aceptó, y Agar quedó embarazada, pero esta situación generó un conflicto entre estas dos mujeres. Veamos lo que dice el texto:

"Así que Abram se acostó con Agar, y ella quedó embarazada. Cuando Agar supo que estaba embarazada, comenzó a portarse mal con Saray, su dueña. Por eso, Saray le dijo a Abram:

— ¡Tú tienes la culpa de que esta esclava me trate con desprecio! Yo te permití que durmieras con ella, y ahora que sabe que está embarazada se porta mal conmigo. ¡Que sea el Señor el que determine quién de nosotros tiene la culpa!

Entonces Abram le dijo a Saray:

—La muchacha es tu esclava, así que haz con ella lo que quieras.

Saray comenzó a maltratar tanto a Agar, que esta decidió huir. El ángel del Señor la encontró en el desierto, junto a un pozo que se halla en el camino que va hacia la región de Sur, y le preguntó:

—*Agar, esclava de Saray, ¿de dónde vienes, y a dónde vas?*

—*Estoy huyendo de Saray, mi dueña* —respondió Agar.

Entonces el ángel del Señor le dijo:

—*Regresa adonde tu dueña, y obedécela. Además, el ángel del Señor le dijo:*

—*Tus descendientes serán tan numerosos que no será posible contarlos. Estás embarazada y tendrás un hijo, y lo llamarás Ismael (Dios oye), porque el Señor ha escuchado tu dolor. Ismael será un hombre rebelde, como un potro salvaje. Peleará contra todos, y todos pelearán contra él; pero vivirá cerca de sus hermanos.*

Agar llamó al Señor, que hablaba con ella, «el Dios que me ve», pues se decía para sus adentros: «He visto al Dios que me ve». Por eso, a este pozo, que está entre Cades y Béred, se le conoce como el «Pozo del Viviente que me ve».

Así que Agar le dio un hijo a Abram, el cual lo llamó Ismael".

Génesis 16:4-15

Ahora quiero que pienses en Agar y en lo que ella pudo sentir. Agar no sedujo Abraham. No fue un tema de adulterio. Sara la puso en una situación que para ella no era cómoda... Realmente yo puedo intentar entender que no se portara bien con Sara, porque al fin y al cabo ella tenía un hijo de su amo en su vientre, pero seguía siendo sierva de ellos... Además, nadie le preguntó a ella si quería hacer esto. Tuvo que aceptar, y seguro tenía sentimientos encontrados. Y la Biblia nos dice que después Sara fue quien la trató con tal dureza que Agar no aguanto más y huyó...

¡Para Agar debió ser muy difícil tomar la decisión de huir! Sin embargo, una cosa que me llama la atención es que si buscamos el significado del nombre Agar, es: Huida, Forastera, La que se fugó.

Esto me hace pensar muchas cosas. Primero, en que posiblemente esta no era la primera vez que ella huía de algo. Ella era de Egipto, que era una potencia... ¿Qué hacía en Canaán como esclava? ¿Habría estado huyendo de algo que no conocemos? Posiblemente...

Y entonces pienso en nosotras hoy en día, y en que también tenemos una tendencia a huir de ciertas cosas...

Huimos del rechazo.

De la soledad.

De la indiferencia.

Del dolor.

De la injusticia.

De la burla.

...

¿De qué huyes tú?

Sin embargo, necesitamos aprender que huir nunca nos llevará a la tierra prometida. Huir solo nos lleva al desierto, como le pasó a Agar. Huir no es la manera como Dios hace las cosas, ni lo que Él respalda (si no me crees, lee el libro de Jonás y verás lo que pasa cuando él huye, ¡ja!).

Y luego, cuando estamos en el desierto, muchas veces sentimos que Dios no nos ve. ¿Te ha ocurrido alguna vez? Las circunstancias que nos rodean nos hacen creer eso, que Él es indiferente a nosotras. Parece que Dios no se diera cuenta de lo que nos pasa, y creemos que Él no se está moviendo a nuestro favor. Sin embargo, eso que sentimos o pensamos no es verdad.

En el pasaje vimos que Agar se encontraba en un momento emocional muy difícil. Tenía un bebé en su vientre y estaba llena de temores e incertidumbre, y de repente, allí en el desierto, aparece un ángel, un enviado de Dios, un instrumento del Cielo que viene en su ayuda, y Agar tiene un encuentro divino...

En este encuentro pasaron varias cosas interesantes. Lo primero que debemos notar es que el ángel la encuentra. No es Agar la que encuentra al ángel. ¡Dios sabe dónde estás! Por eso en Salmos 139:7 (RVR60) dice: *"... ¿Y a dónde huiré de tu presencia?".*

Otra cosa que me llama la atención es que en el versículo 8 el ángel le dice:

"—Agar, esclava de Saray, ¿de dónde vienes, y a dónde vas?

—Estoy huyendo de Saray, mi dueña —respondió Agar".

TU PASADO Y TU FUTURO SON IMPORTANTES PARA DIOS

Ahora piensa un momento en tu propia vida. ¿De dónde vienes? ¿A dónde vas? Tu pasado y tu futuro, ¡ambas cosas son importantes para Dios!

Agar fue honesta en su respuesta. Ella le dijo: *"Estoy huyendo de Saray, mi dueña".* Y aquí viene otra cosa que quiero resaltar, y es que el ángel le dijo: *"Vuelve junto a ella y sométete a su autoridad".* ¡Increíble! El ángel del Señor le dio a Agar la orden de regresar y someterse; hubiera sido mucho más fácil si le decía: *"El Señor ha visto lo que te sucede con Sara, y Él te dice que ya tiene una casa preparada para ti en otra ciudad...".*

Pero no...

¿Por qué? Bueno, tal vez porque uno no debe huir de los problemas. En otras palabras, el Señor le dice a Agar: *"Regresa, obedece, y yo me haré cargo".*

Además, antes de dejarla, le dio una hermosa promesa (v. 10, NVI):

"De tal manera multiplicaré tu descendencia, que no se podrá contar".

Y agregó (v. 11, NVI):

"Estás embarazada, y darás a luz un hijo, y le pondrás por nombre Ismael, porque el Señor ha escuchado tu aflicción".

En hebreo, Ismael significa "Dios escucha". ¡Puedes imaginarte lo feliz que se habrá sentido Agar! De hecho, después de este encuentro, Agar comenzó a utilizar un nombre especial para referirse a Dios (v. 13, NVI):

"Como el Señor le había hablado, Agar le puso por nombre «El Dios que me ve» ...".

¡Cuando tú entiendes que eres oída por Dios, cuando descubres que el Señor sale a tu encuentro incluso en el desierto, entonces recibes la revelación de que Dios te ve!

Agar se apropió de esa verdad. Ella dijo: "¡Señor, tú eres el Dios que me ve! Las circunstancias exteriores ya no me atemorizan, porque la verdad que he creído en mi interior es lo que me basta: ¡Dios me ve!".

Así que recuerda esta historia cada vez que te sientas sola o despreciada. Cada vez que te sientas en el desierto, recuerda que Dios no es indiferente a ti. ¡Él es un Dios que ve! ¡Aleluya!

El Señor ha visto tus lágrimas. Él conoce cada rechazo que has sufrido. Cada angustia. Cada mal momento. Cada persona que ha buscado hacerte daño. Él conoce todo ¡porque Él te ve!

EXAMINA TU CORAZÓN

- ¿Te sentiste alguna vez como si estuvieras en el desierto, sola, angustiada y pensando que tu vida no le importaba a nadie, ni siquiera a Dios? ¿Qué hiciste en esos momentos?

- ¿De dónde vienes? ¿A dónde vas? Recuerda que al Señor le interesa toda tu vida. Él quiere darte sanidad del pasado y un propósito para el futuro. ¿Puedes poner tu vida entera en Sus manos hoy?

- ¿Crees hoy que Dios te ve en todo momento? ¿Puedes darle gracias por alguna circunstancia específica en la que Él te lo ha demostrado, ya sea enviando ángeles a tu encuentro para ayudarte, o de alguna otra forma?

OREMOS JUNTAS

¡Señor, qué maravilloso es saber que no eres indiferente a lo que nos sucede! ¡Gracias porque oyes nuestro clamor, y nos ves aun cuando intentamos huir al desierto!

Señor, gracias porque aunque las circunstancias sean difíciles, yo sé que tú me ves, me oyes, y estás pronto a ayudarme. Gracias porque hoy me recordaste que incluso en el desierto tú estás conmigo. Hoy quiero darte gracias también por todas esas veces en las que has salido a

mi encuentro. Gracias Señor por estar allí siempre, y
especialmente cuando _____.
¡Te alabo porque tú eres el Dios que me ve!

Amén.

DÍA 11:
PUNTO DE QUIEBRE

Cierto día, yo me encontraba dando una clase virtual sobre "Fundamentos de la fe" en el Instituto Bíblico de la iglesia (esto era durante la pandemia), y de repente, en medio de la clase, una alumna pidió la palabra y nos dijo algo como esto:

"Yo conozco a Dios desde niña. Tengo una relación con Dios, y experiencias lindas, pero hoy, en esta clase, al entender con claridad conceptos como el pecado, la cruz, la relación con Dios y la fe, siento la necesidad de rendir mi vida a Jesús. Realmente no tengo seguridad de ser salva, y hoy quiero arrepentirme y pedirle a Jesús que sea el Señor de mi vida".

¡Por supuesto, los otros dieciocho alumnos y yo oramos con ella! Todos fuimos quebrantados, y cuando terminamos yo solo podía agradecerle a Dios por permitirme ser parte de ese momento. ¡Fue taaan especial!

Sin embargo, durante los días siguientes, pasé de la emoción del momento a sentir algo como un hueco en el pecho. No podía sacarme de la cabeza esta pregunta: ¡¿Cuántas más personas están así?! ¿Cuántos más hay que están creciendo en la iglesia, viviendo en una cultura cristiana y teniendo experiencias espirituales, pero sin un fundamento claro para su fe?

De este sentimiento en mi corazón es que hoy te escribo. ¿Tienes claro por qué crees lo que crees? ¿Podrías responder, si te lo pidieran, una lista con preguntas como las siguientes?:

¿Qué pasaría si muriéramos hoy?

¿Qué es lo que nos hace ser hijas de Dios?

¿Por qué es la cruz un antes y un después en la historia del mundo, y en la nuestra también?

¿Tuviste tú un encuentro personal con esa cruz?

De manera muy básica, quiero que recordemos que todo comenzó en el Jardín del Edén, donde el enemigo engañó a Eva y a Adán, y ellos pecaron:

La serpiente, que era el más astuto de todos los animales del campo creados por Dios el Señor, se le acercó a la mujer y le preguntó:

— ¿Es verdad que Dios no les permite comer de ningún árbol que hay en el jardín?

La mujer le contestó:

—Sí podemos comer los frutos de cualquier árbol, 3 menos del que está en el centro del jardín. Dios nos dijo que si comemos o tocamos el fruto de ese árbol, moriremos.

— ¡Mentira! —silbó la serpiente—. ¡No morirán! Lo que pasa es que Dios sabe que, cuando ustedes coman del fruto de ese árbol, obtendrán todo el conocimiento, pues podrán conocer el bien y el mal. ¡Ese día ustedes serán como Dios!

La mujer contempló el árbol y se convenció de que su fruto era bueno para comer. Además, lo vio muy hermoso, y pensó que era su oportunidad para conseguir la sabiduría. Así que agarró el fruto y comió. Luego le dio de comer a su marido, el cual estaba con ella. Tan pronto lo comieron, se dieron cuenta de que estaban desnudos y sintieron vergüenza. Entonces cosieron hojas de higuera para cubrir su desnudez.

Aquella tarde, a la hora en que sopla la brisa, el hombre y la mujer oyeron que Dios andaba por el jardín. Entonces corrieron a esconderse entre los árboles, para que Dios el Señor no los viera. Pero Dios el Señor llamó al hombre y le preguntó:

— ¿Dónde estás?

El hombre le contestó:

—Oí que andabas por el jardín y me dio miedo, pues estoy desnudo. Así que me escondí.

Génesis 3:1-10

El diablo fue muy astuto. Él hizo dudar a Eva sobre lo que Dios le había dicho, y Eva cayó en la trampa. Un poco más tarde, Adán cayó también.

En el instante en que Adán y Eva pecaron, ocurrieron dos cosas:

1. Ellos descubrieron su desnudez, la cual intentaron cubrir con hojas de higuera.

2. Ellos sintieron miedo de Dios y se escondieron.

Es increíble, pero aunque han pasado miles de años, ¡hoy en día nosotras hacemos lo mismo cuando obramos mal! Buscamos cubrirnos y escondernos en lugar de ir a Dios. Curioso, ¿verdad?

Volviendo a los conceptos que quiero repasar hoy, sabemos que pecado es el hacer algo contrario a lo establecido por Dios. La palabra "pecado" en el idioma original significa "errarle al blanco". Lo complejo de esto es que no solo no damos en el blanco, sino que hay consecuencias por eso.

El pecado de Adán y Eva en el Jardín del Edén hizo que se rompiera la relación de la humanidad con Dios. Pero Dios nos ama, y por eso ideó un plan para volver a acercarnos a Él: su Hijo, Jesús.

Jesús murió en la cruz por amor a nosotros. Él derramó su sangre y pagó la pena por nuestro pecado. De esta forma, Dios nos invita a volver a Él. Sin embargo, debe ser nuestra decisión regresar, y es una decisión personal.

¡Qué hermoso es que tengamos en la Biblia promesas como esta! Mira:

"Los que siempre buscan hacer el mal, que abandonen sus malos pensamientos y ese estilo de vida, y vuélvanse al Señor, pues él siempre está dispuesto a perdonarlos; el Señor es un Dios compasivo".

Isaías 55:7

Para volver a Dios, para tener esa relación personal con Él, para volver al diseño que Dios soñó para la humanidad, es necesario que tú y yo hagamos algo. La única parte del plan que depende de nosotros es: arrepentirnos. El arrepentimiento no solo es sentirnos mal por los pecados que hemos cometido, sino que es la decisión de darle a Dios el lugar que le corresponde como el número uno en nuestra vida, para que Él pase a ser el eje, el centro de todo. Por eso hoy yo quiero llamar a ese momento en el que nos arrepentimos el "punto de quiebre".

De hecho, el arrepentimiento era el núcleo de la predicación de Jesús:

"Y desde aquel mismo instante Jesús comenzó a predicar:

«Arrepiéntanse de sus pecados porque el reino de los cielos se ha acercado»".

Mateo 4:17

"Yo no he venido a llamar a los justos para que se arrepientan, sino a los pecadores".

Lucas 5:32

El punto de quiebre aparece cuando decidimos darle la espalda al pecado para darle la cara a Dios. Al arrepentirnos, no solo decidimos reconocer a Jesús como nuestro Salvador, sino también como Señor de nuestra vida. Es ese precioso instante en que le decimos: "Tú eres el centro. Quiero andar en tus caminos. Quiero obedecerte, quiero agradarte. Quiero actuar en gratitud por lo que hiciste por mí en la cruz. Quiero desarrollar tu carácter en mí. Quiero ser más como tú".

A partir del punto de quiebre, le permitimos a Dios que nos enseñe a pensar de acuerdo a Sus pensamientos, y a vivir la vida como Él desea que la vivamos.

EL ARREPENTIMIENTO SE NOTA

¿Y sabes qué es lo más impresionante? ¡Que el arrepentimiento se nota!

"Demuestren con su forma de vivir que se han arrepentido de sus pecados y han vuelto a Dios".

Mateo 3:8 (NTV)

"Produzcan frutos que demuestren arrepentimiento".

Mateo 3:8 (NVI)

Hoy es un día para que revises en qué punto estás en tu relación con Dios.

EXAMINA TU CORAZÓN

- ¿Has tenido tu "punto de quiebre" con Dios? ¿Qué recuerdas de ese momento? ¿En qué cambió tu vida a partir de allí?

- Si aún no has tenido ese "punto de quiebre", ¿estás dispuesta a reconocer tu pecado, arrepentirte, pedirle perdón a Dios y hacerlo Señor de tu vida? Puedes decirle: *Señor, aquí vengo ante ti, sin importar el tiempo que llevo como creyente. Hoy necesito hacer un alto y reconocer que te necesito. Me doy cuenta de que estoy haciendo las cosas por tradición, por moda, o porque desde hace años las hago, sin realmente haber tenido mi punto de quiebre. Hoy quiero aceptar el sacrificio de Jesús en la cruz como paga por mis pecados, y quiero pedirte que a partir de este momento tú seas el Señor de mi vida. ¡Gracias Padre por tu gran amor! Amén.*

- *"Si confiesas con tu boca que Jesús es el Señor y crees en tu corazón que Dios lo levantó de entre los muertos, serás salvo, porque con el corazón se cree para justicia, pero con la boca se confiesa para salvación".*

Romanos 10:9-10 (RVR1995)

OREMOS JUNTAS

Señor, te pedimos que nuestro arrepentimiento no sea solo una decisión que tomamos para salvación, sino que sea algo que se traduzca en cambios positivos en nuestra vida. ¡Que vivamos de tal manera que nuestro arrepentimiento se note! ¡Que se note que tú eres el Rey de nuestras vidas!

Padre, hoy reconozco que _____.
Te pido perdón por _____.
Te doy gracias por la cruz, y por la sangre de Jesús que me limpia y me perdona. Hoy anhelo que seas mi centro. Rindo mi ser a ti y te pido que seas el Señor de cada área de mi vida. ¡Te amo Señor!

Amén.

DÍA 12: SUPERVIVENCIA EN EL DESIERTO

La historia de la salida de Egipto por parte de los israelitas es sin duda una de las más fascinantes de la Biblia. Todos alguna vez hemos recreado en nuestra mente esos momentos, ya sea al leer las Biblias ilustradas, al ver las películas o durante las narraciones de nuestros maestros de la Escuelita Dominical.

Si yo tuviera que resumir de qué se trató la salida de Egipto, diría que Dios vio el sufrimiento de su pueblo, proveyó una salida, los acompañó en el desierto, le puso un límite al enemigo, abrió un camino que nunca pensaron que existía, ¡y finalmente Dios venció al enemigo y el pueblo cruzó al otro lado!

Sin embargo, luego de tan magnífica salida, los israelitas estuvieron cuarenta años en el desierto… Nosotras no queremos tardar tanto en llegar a donde Dios quiera llevarnos, ¿verdad? Por eso hoy te propongo que hablemos sobre los cuidados que debemos tener cuando nos encontramos en épocas de dificultades o pruebas (a estos momentos comúnmente los llamamos "desiertos").

¿Por qué es necesario que aprendamos a tener ciertos cuidados en el desierto? Para que la travesía sea más llevadera, para que el viaje no se alargue tanto y para que la esperanza se mantenga firme (que es lo que muchas veces más trabajo nos cuesta).

¿Estás lista? Muy bien, entonces quiero que pensemos juntas en algunas cosas importantes que debemos cuidar cuando nos toque estar en el desierto:

- **Debemos cuidar lo que decimos**

A las pocas semanas de salir de Egipto, se dieron los primeros episodios de "queja" por parte de los israelitas.

En Éxodo 15:24 se quejaron por sed:

"El pueblo se quejó contra Moisés, y le reclamó: «¿Y qué vamos a beber?»".

Y en Éxodo 16:1-3 se quejaron por hambre:

"... Hacía un mes y quince días que habían salido de Egipto. Allí también el pueblo se quejó contra Moisés y Aarón. Les dijeron:

— ¡Ojalá el Señor nos hubiera quitado la vida en Egipto! Allí nos sentábamos junto a las ollas llenas de carne y comíamos hasta quedar satisfechos. Pero ustedes nos han traído hasta este desierto para matarnos de hambre".

Dios oyó las quejas y respondió con provisión de alimento... ¡Dios es muuuy bueno! Sin embargo, aunque veo el amor de Dios al responder, a mí me surge una pregunta: ¿Realmente queremos lograr las bendiciones del Señor por medio de la queja?

Además, la queja es molesta. Y, lo que es peor, la mayoría de las veces la raíz de la queja es la duda:

"...allí los israelitas tentaron al Señor, diciendo: «¿Está el Señor entre nosotros, o no?»."

Éxodo 17:7

¡Ellos dudaron, y su boca pecó!

Entonces, la gran pregunta es: ¿cómo podemos hacer para no quejarnos y, en cambio, dar gracias a Dios aun en las pruebas? Algo que a mí me ayuda es recordar dónde estaba antes:

"Que las palabras de mi boca
y la meditación de mi corazón
sean de tu agrado,
oh Señor, mi roca y mi redentor".

Salmos 19:14 (NTV)

> **¡SI TE PONES A RECORDAR DE DÓNDE TE SACÓ DIOS YA NO HABRÁ LUGAR PARA LA QUEJA!**

¡Si te pones a recordar de dónde te sacó Dios (lo que fuera tu Egipto), entonces tus labios se llenarán de agradecimiento y ya no habrá lugar para la queja!

- **Debemos cuidar lo que pensamos**

Dios le había dado a su pueblo instrucciones sobre cómo debían administrar el alimento. Sin embargo, hubo un grupo de israelitas que no hicieron caso. Como consecuencia, se les llenó la comida de gusanos, ¡y tenía un olor que apestaba!

En el desierto no solo vendrán pensamientos de querer volver a Egipto. También vendrán pensamientos de escasez. Los pensamientos de escasez muestran incredulidad en Dios y en su cuidado, y muy frecuentemente su consecuencia es la desobediencia.

- **Debemos cuidar lo que sentimos**

¡Además de cuidar lo que dices y lo que piensas, también debes cuidar lo que sientes! Dos meses después de la salida, el pueblo acampó cerca del monte Sinaí. Moisés subió al monte, y durante su encuentro con Dios apareció una nube en la montaña, la que la Biblia, según las distintas traducciones, describe como "oscura" o "densa":

"El Señor le dijo, a Moisés:

—Yo voy a presentarme delante de ti en forma de una nube oscura, de modo que el pueblo mismo pueda oírme cuando hable contigo, y así siempre te creerán".

Éxodo 19:9

"Luego el Señor le dijo a Moisés: «Yo me presentaré ante ti en una densa nube, para que el pueblo pueda oírme cuando hable contigo; así ellos siempre confiarán en ti» …".

Éxodo 19:9 (NTV)

También había un sonido fuerte durante esos encuentros:

"A medida que el sonido del cuerno de carnero se hacía cada vez más fuerte, Moisés hablaba y Dios le respondía con voz de trueno".

Éxodo 19:19 (NTV)

¿Qué sintieron los israelitas ante todo esto? ¡Miedo!

"Cuando los israelitas oyeron los truenos y el toque fuerte del cuerno de carnero y vieron los destellos de relámpagos y el humo que salía del monte, se mantuvieron a distancia, temblando de miedo.

Entonces le dijeron a Moisés:

—¡Háblanos tú y te escucharemos, pero que no nos hable

Dios directamente, porque moriremos!".

Éxodo 20:18-19 (NTV)

¡El pueblo sintió tanto miedo que le pidieron a Moisés que fuera el mediador, porque ellos no querían acercarse a Dios!

También sucedió que un día Moisés subió al monte y permaneció allí por cuarenta días y cuarenta noches. La demora hizo que el pueblo se asustara y dudara... El problema es que las dudas son traicioneras, al igual que el miedo, y nos llevan a buscar ídolos, a refugiarnos en cosas o personas en lugar de ir a Dios.

En este caso, el pueblo se hizo ídolos. Ellos buscaron "diversión", intentando cambiar lo que sentían.

"Temprano a la mañana siguiente, el pueblo se levantó para sacrificar ofrendas quemadas y ofrendas de paz. Después, todos celebraron con abundante comida y bebida, y se entregaron a diversiones paganas".

Éxodo 32:6 (NTV)

El desierto es un lugar difícil, es verdad. ¡Pero justamente por eso debemos tener un cuidado extra para no apartarnos de Dios! Debemos cuidar lo que decimos, lo que pensamos y lo que sentimos, para continuar avanzando siempre tomadas de Su mano.

EXAMINA TU CORAZÓN

- Si haces un chequeo de cómo has enfrentado los desiertos que te tocó atravesar en el pasado, ¿qué errores reconoces que has cometido con tu boca, tu mente y tus emociones?

- Además de orar, ¿qué decisiones pequeñas puedes tomar a partir de hoy para asegurarte de cuidar tus palabras, pensamientos y sentimientos cuando te toque atravesar algún desierto en el futuro?

OREMOS JUNTAS

Señor, te damos gracias porque aun en los desiertos de la vida tú estás con nosotras. Ayúdanos a cuidar nuestras palabras, nuestros pensamientos y nuestros sentimientos, para no pecar contra ti, y para que el viaje no se haga más largo de lo necesario.

Señor, yo reconozco que no ha sido fácil atravesar por esta prueba: _____.
Al pasar tiempo en el desierto me llené de miedos e incertidumbre, y no guardé mi corazón y mi boca como debía. Perdóname. Hoy te presento lo que siento. Reconozco que tengo estos sentimientos: _____ _____. Quiero también poner en tus manos los pensamientos que me han bombardeado. A veces pienso que tú _____, y me llena de temor el pensar que _____, pero hoy decido soltar cada argumento contrario a tu Palabra, y decido creer y confesar tu Palabra sobre lo que estoy viviendo. Hoy quito la queja de mi boca, y declaro que tú me has dicho que _____ _____ _____. También me consuela saber que en tu

Palabra me dices que _____ _____ _____. Ayúdame, Señor, a cuidar mi corazón y mi fe. ¡Gracias, Señor!

Amén.

DÍA 13:
DIME CON QUIÉN ANDAS...

Hay un factor que normalmente no tenemos en cuenta, pero que puede ayudarnos mucho (o, por el contrario, ser un elemento destructor) cuando atravesamos tiempos de dificultad. Me estoy refiriendo a las personas que nos rodean.

Hace unos días te compartí que he podido contar con personas clave en momentos en que necesité que alguien levantara mis brazos. Sin embargo, hubo un tiempo en el que yo erraba en este tema. Asumía que todas las personas, solo por ser creyentes, serían una mano amiga, y no tenía ningún filtro. ¡Eso me llevó a situaciones en las que me arrepentí de haberle contado a alguien un tema muy personal, pues esa persona no valoró la confianza que yo había depositado en ella! Es más, hubo ocasiones en que la falta de prudencia de alguien en quien yo había confiado aumentó el conflicto o el problema en el que me encontraba.

Por eso hoy quiero decirte: ¡es muy importante que sepas rodearte bien en tiempos de crisis! No es bueno que estés sola, pero tampoco puedes irte al extremo de abrirle tu corazón a todo el mundo sin filtros.

En Éxodo 17 vemos que los guerreros de Amalec atacaron a Israel, y Josué salió con unos hombres a la batalla. Este combate ocurrió en el valle, y en la cima estaban Moisés, Aarón y Hur. Leamos juntas...:

"Josué hizo lo que Moisés le ordenó y peleó contra el ejército de Amalec. Entre tanto Moisés, Aarón y Hur subieron a la cima de una colina cercana. Mientras Moisés sostenía en alto la vara en su mano, los israelitas vencían;

pero, cuando él bajaba la mano, dominaban los amalecitas. Pronto se le cansaron tanto los brazos que ya no podía sostenerlos en alto. Así que Aarón y Hur le pusieron una piedra a Moisés para que se sentara. Luego se pararon a cada lado de Moisés y le sostuvieron las manos en alto. Así sus manos se mantuvieron firmes hasta la puesta del sol. Como resultado, Josué aplastó al ejército de Amalec en la batalla.

[...]

Entonces Moisés edificó un altar en ese lugar y lo llamó Yahveh-nisi (que significa «el Señor es mi estandarte»)".

Éxodo 17:10-13 y 15 (NTV)

A veces nos creemos superhéroes, ¡y no lo somos! ¡Es normal que nos fatiguemos en tiempos de batalla! Por eso me gusta esta historia, porque vemos que Moisés se cansa, pero afortunadamente él está rodeado por dos hombres que pueden sostenerle los brazos por largo tiempo. ¡Gloria a Dios!

Por eso, cada vez que atravesamos por una prueba es necesario preguntarnos: ¿quién me ayudará a sostener mis brazos si me canso durante la batalla? ¿Son personas espirituales? ¿Sabias? ¿Temerosas de Dios?

Piensa ahora en tu propia vida. ¿De quién te rodeas en tiempos de crisis? ¿Te dejas ayudar? ¿Permites que otros levanten tus brazos, o crees que eres autosuficiente?

Yo trabajo en el área pastoral de la iglesia, y he visto cómo aquellos que se rodean bien y permiten que les ayudemos logran salir incluso de problemas muy difíciles. No importa si hay un tema de adicción a las drogas, de identidad, de baja autoestima. ¡Se puede vencer lo que sea si hay una red de apoyo que colabore con el proceso que Dios está realizando en una persona!

Sin embargo, también debo decirte que en muchos casos hemos ofrecido ayuda a alguien que lo necesitaba, y de manera muy diplomática nos ha dicho: "No, gracias". Esto es muy triste, porque hay batallas tan duras que es difícil ganarlas solo... ¡Debemos tener cuidado para que el orgullo no nos impida ser ayudadas cuando lo necesitemos!

Pero hay una cosa aún más preocupante sobre la que quiero advertirte, y es que a veces, sin darnos cuenta, ¡nos rodeamos de personas que pueden bajar nuestros brazos en vez de subirlos! Personas que vienen a decirnos cosas como: "No sé por qué Dios no te ayuda", "Es increíble que te pase esto", "No deberías orar más, pues ya ves que no funciona", etc. Personas que, además de no estar ayudando, acaban siendo "pájaros de mal agüero", que solo nos pronostican malas noticias. ¡Ten mucho cuidado con estas personas!

> **HAY BATALLAS QUE VAS A GANAR O PERDER DEPENDIENDO DE CON QUIÉNES TE RODEES**

En fin, creo que el punto que quería compartirte ya ha quedado claro, pero déjame repetírtelo una vez más, de forma más directa: ¡hay batallas que vas a ganar o perder dependiendo de con quiénes te rodees!

Y con "rodearte" no me refiero necesariamente a tus amigos. Ellos obviamente cuentan, ¡y mucho!, pero hay otras personas que también pueden darte ánimo y ser buenos consejeros, como tus líderes y pastores, u otros miembros de tu familia o de la iglesia. Más allá de su rol, edad o cercanía, debes preguntarte cosas como: esta persona, ¿tiene peso espiritual? ¿Ha dado fruto en su vida? ¿Cómo le ha ido en sus propias batallas? ¿Me ama? ¿Quiere lo mejor para mí? ¿Es un ejemplo? ¿Es una persona confiable, puede guardar lo que yo le cuente en confidencia?

En mi caso, por ejemplo, yo aprendí (después de un par de frustraciones) que no era suficiente con elegir personas "lindas y llenas de fe" para contarles mis problemas. Confié en personas que después de un tiempo hablaron con otros, y hubo chismes y otras malas consecuencias... ¡Así que entendí, por el camino difícil, que buscar personas realmente confiables es vital!

Por eso mi consejo es que ores y le pidas a Dios que te guíe al elegir quiénes serán tus escuderos en los tiempos de dificultad, para que sean personas sensibles a la voz del Espíritu Santo, conocedoras de la Palabra, empáticas, prudentes y buenas consejeras.

Ahora... realmente no puedo cerrar esta reflexión de hoy sin darle un giro y preguntarte: ¿eres tú una persona que levanta los brazos de otros cuando lo necesitan? Te pregunto esto porque no podemos ser egoístas y esperar que cuando estemos mal tengamos personas increíbles a nuestro lado, pero luego no estar dispuestas a levantar nosotras los brazos de otros cuando estén en necesidad. ¡Busquemos ser personas que ayuden a otros en sus luchas!

EXAMINA TU CORAZÓN

- ¿Cómo eliges a las personas con las que te rodeas para que sean tu apoyo en momentos de dificultad? ¿Crees que has elegido bien en el pasado? ¿Por qué sí, o por qué no? ¿Qué modificarías en tu forma de elegir a estas personas a partir de hoy?

- ¿Eres tú una persona que es capaz de ayudar a otros cuando están atravesando un tiempo difícil? ¿Eres confiable y prudente? ¿Conoces la Palabra de Dios lo suficiente como para dar consejos basados en ella? ¿Eres sensible a la voz del Espíritu Santo como para que pueda guiarte?

- Elije uno de tus "puntos flojos" de acuerdo a tus respuestas anteriores, y pídele a Dios que te ayude a mejorar en ese aspecto, para que Él pueda usarte y seas de bendición a otros cuando estén atravesando luchas o problemas.

OREMOS JUNTAS

Señor, te damos gracias porque tú nos enseñas que no tenemos que llevar solas la carga de nuestras pruebas. ¡Gracias porque podemos enfrentar las batallas apoyadas en otros! Te pedimos por favor que pongas a las personas indicadas a nuestro alrededor, y que nos des sabiduría para reconocerlas.

En particular, Señor, yo te pido hoy sabiduría para saber quiénes pueden ayudarme en esta lucha o problema actual que tengo: _____ _____. Hoy yo me dispongo también, Señor, a ayudar a otros. Muéstrame quiénes necesitan de mí. Quiero ser un instrumento de bendición para otros, animarlos, acompañarlos e interceder a favor de ellos. ¡Abre mis ojos para ver al menos una persona que desees que yo ayude en este tiempo!

Amén.

DÍA 14:
ACCIÓN, NO SOLO ORACIÓN

Cuando estamos en el desierto, cuando llevamos una larga temporada atravesando tiempos difíciles, muchas veces nos desanimamos y entonces decidimos no hacer nada más. No lo tomamos como si nos hubiéramos "rendido", sino que simplemente nos sentamos a esperar que Dios haga el milagro que le estamos pidiendo, y de alguna manera asumimos que el desierto pasará por sí solo.

Hace un tiempo yo estaba en esa situación, y de repente Dios me dijo esto:

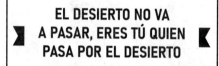

EL DESIERTO NO VA A PASAR, ERES TÚ QUIEN PASA POR EL DESIERTO

"El desierto no va a pasar, eres tú quien pasa por el desierto".

Yo quedé... ¡plop! ... ¡sin palabras! Me sentí confrontada, porque entendí que debería estar teniendo una espera activa, ¡y no solo orar y quedarme quieta!

Hace un par de días estuvimos hablando de la historia de los israelitas y de su salida de Egipto, ¿recuerdas? Ahora te invito a mirar con atención la parte en que los carros del faraón los perseguían. Hubo un momento en que el pueblo tenía detrás al ejército enemigo, y delante el mar Rojo. ¡No me puedo imaginar la sensación de vulnerabilidad y el miedo que habrán experimentado!

En medio de esta situación extrema, Dios les dijo algo, tanto al pueblo como a Moisés, su líder:

"Luego el Señor le dijo a Moisés: «¿Por qué clamas a mí? ¡Dile al pueblo que se ponga en marcha! Toma tu vara y extiende la mano sobre el mar. Divide las aguas para que los israelitas puedan pasar por en medio del mar, pisando tierra seca»".

Éxodo 14:15-16 (NTV)

¿Te fijaste? Dios le dijo al pueblo que se pusiera en marcha, y le dijo a Moisés que tomara su vara y extendiera la mano sobre el mar.

¡Dios quería que no oraran más en ese momento, sino que actuaran!

Personalmente, esto me hace pensar muchas cosas, porque soy una persona que tiende a ser acelerada, a no parar, a querer siempre actuar para resolver los problemas. He tenido que aprender a hacer pausas, a bajar la velocidad, y a creer que hay situaciones en las que debo orar y esperar, sin querer "ser Dios".

Lo que me impacta de esta historia es que vemos que necesitamos un equilibrio. Hay momentos en los que debemos orar y esperar que Dios obre, pero hay otros en donde, si ya dependemos del Señor, ¡pues tenemos que dar pasos de fe y actuar!

¿Por qué quiere Dios que actuemos? Porque somos sus hijas, y si Él es "hacedor", nosotras también, porque ¡fuimos creadas a su imagen y semejanza!

Además, la Biblia dice en Santiago 2:26 que la fe sin obras (o sin acciones) está muerta, así que no podemos solo esperar de manera contemplativa sin actuar con base en lo que creemos.

También Santiago 2:18 dice:

"Pero alguien puede decir: «Tú tienes fe, y yo tengo acciones. Pues bien, muéstrame tu fe sin las acciones, y yo te mostraré mi fe por medio de mis acciones»".

Y en Santiago 1:22 dice: "Pongan en práctica la palabra y no se limiten a sólo escucharla pues de otra manera se engañan ustedes mismos".

¡Qué valiosos son estos versículos que nos dejan ver que la fe implica acción!

Ahora bien, tú me puedes decir: "Pero la Biblia dice en Salmos 46:10 (NVI) *"Quédense quietos. Reconozcan que yo soy Dios".* Y sí, ¡estás en lo correcto! Créeme, como te dije antes, ¡yo he tenido que aprender esta verdad! Pero también he aprendiendo algo sobre este versículo, y es que "estar quietos" no significa estar paralizados o dormidos. La quietud en medio de la prueba es como cuando hablamos de que "el mar está quieto". Nunca está quieto del todo, pero está en paz.

La quietud a la que se refiere ese versículo es una actitud del corazón. Es cuando estamos tranquilos porque tenemos nuestra confianza depositada en Dios, tenemos expectativa de lo que Él va a hacer, y esto nos da paz. No es echarnos en la cama a dormir, o sentarnos a tomar café y esperar a que las cosas se resuelvan solas.

Es cierto que necesitamos soltar el control de las situaciones y someternos al Señor y a su soberanía, pero mientras oramos podemos también actuar dentro de nuestro rango de acción, tocar puertas, y dar pasos de fe. ¡La fe se debe notar en acciones reales!

No te preocupes si esto te cuesta… Para mí también es más fácil decirlo que hacerlo. Pero creo que, aun a pesar de nuestros errores, iremos aprendiendo si realmente nos lo proponemos.

Antes de que oremos quiero que pensemos juntas en una cosa más: en estos últimos días hemos estado hablando acerca de cuidar la boca, los pensamientos, los sentimientos, con quiénes nos rodeamos y nuestra manera de actuar. Entonces, si prestamos atención a todas estas cosas, ¡¿cómo no vamos a ver al Señor actuando a nuestro favor?!

Deuteronomio 2:7 (NTV) dice:

"Pues el Señor Dios de ustedes los ha bendecido en todo lo que han hecho. Él les ha cuidado cada paso que han dado por este inmenso desierto. En estos cuarenta años, el Señor su Dios los ha acompañado, y no les ha faltado nada".

¡Demos gracias a Dios porque podemos estar seguras de su compañía y su sustento en medio de cualquier desierto que nos toque atravesar!

EXAMINA TU CORAZÓN

- ¿Podrías describirte como una persona más bien de acción, o reconoces que eres más propensa a orar y sentarte a esperar que los resultados aparezcan? ¿Qué ajustes crees que deberías hacer en tu vida en este sentido?

- ¿En qué área concreta de tu vida, o en qué problema o situación que estés atravesando actualmente, crees que necesitas dar un paso en tu actuar, y no solo seguir orando? ¿Cuál podría ser ese paso? (¡Puedes pedirle a Dios que te guíe en esto!).

OREMOS JUNTAS

Señor, reconocemos que a veces, cuando no vemos con nuestros ojos la salida a un problema, o cuando sentimos la presión de las circunstancias, nos paralizamos y preferimos esperar quietas hasta que todo se resuelva. Ayúdanos a sacudirnos la pasividad y a vencer los miedos, entendiendo que, si confiamos en ti y tú nos guías, podemos dar el paso y tú abrirás las aguas para que podamos avanzar.

Señor, yo hoy me encuentro atravesando este desierto:
_____.
Decido despojarme de la idea de quedarme allí, resignada y quieta. ¡Gracias por tu amor que me empuja a salir del desierto y conquistar nuevos territorios! Yo creo que todo lo puedes, que estás conmigo, y que irás a mi lado en cada paso de fe que yo dé. Anhelo ser una hacedora de tu Palabra cada día, y a partir de hoy decido poner mi fe en acción. Ayúdame por favor, Señor.

Amén.

DÍA 15:
SUELTA TU OFENSA

El Salmo 1 es reconocido porque pinta un cuadro que es fácil imaginarnos. Nos habla de una persona bendecida que se parece a un árbol que, sin importar la estación, da fruto en abundancia. Hermosa imagen, ¿verdad?

Sin embargo, para ser ese árbol necesitamos cuidar con quiénes nos rodeamos (esto lo vimos en días pasados) y evitar sentarnos en una silla muy particular... Te invito a que leamos juntas el comienzo de este salmo:

"Bienaventurado el varón
que no anduvo en consejo de malos,
ni estuvo en camino de pecadores,
ni en silla de escarnecedores se ha sentado,
sino que en la ley de Jehová está su delicia
y en su Ley medita de día y de noche.
Será como árbol plantado junto a corrientes de aguas,
que da su fruto en su tiempo
y su hoja no cae,
y todo lo que hace prosperará".

Salmos 1:1-3 (RVR1995)

A mí me gusta pensar en la silla del escarnecedor como la silla en la que nos sentamos cuando nos aferramos a una ofensa. Me imagino al escarnecedor como alguien que fue taaaan ofendido que ahora quiere ofender a otros, rechazarlos, insultarlos, calumniarlos y juzgarlos, porque siente que tiene el derecho de desquitarse de alguna manera.

Aunque parezca algo extremo, tú y yo podemos estar sentadas en esa silla de ofensa por algún dolor profundo que hayamos experimentado, incluso aunque hayan pasado años desde que eso sucedió.

Hace unas semanas leí esto:

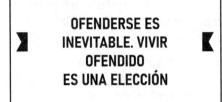

OFENDERSE ES INEVITABLE. VIVIR OFENDIDO ES UNA ELECCIÓN

"Ofenderse es inevitable. Vivir ofendido es una elección. Si estás en una búsqueda continua por ofenderte, siempre encontrarás lo que buscas".

¡El problema no es ofendernos, sino aferrarnos a la ofensa!

Cuando nos aferramos a la ofensa, nos sentamos en la silla del escarnio. No podemos avanzar porque es demasiado grande el peso de lo que sentimos por aquello que nos han hecho.

Todas hemos vivido experiencias dolorosas. El problema es que las heridas que quedan de esas situaciones impiden nuestro crecimiento espiritual y nuestra libertad. Por eso necesitamos ser restauradas en nuestro interior por medio de la sanidad de nuestro corazón.

El secreto está en esto: lo único que nos permite pararnos y salir de esa silla, y hallar paz y sanidad, es perdonar. Solo perdonando podemos soltar la silla, dejarla en manos de Dios y ser libres.

Por supuesto, en tu libre albedrío puedes optar por no perdonar, pero entonces le estás dando al enemigo el derecho de traer aflicción a tu vida. En 2 Corintios 2:10-11 dice que si no perdonamos el diablo se aprovecha y gana terreno en nuestra vida. Tal vez tú te sientas libre eligiendo no perdonar, pero lo cierto es que el aferrarte a la ofensa te convertirá en una mujer amargada, ya que hay un veneno en tu interior y no estás permitiendo que el Señor te sane.

Hebreos 12:15 (NTV) dice:

"Cuídense unos a otros, para que ninguno de ustedes deje de recibir la gracia de Dios. Tengan cuidado de que no brote ninguna raíz venenosa de amargura, la cual los trastorne a ustedes y envenene a muchos".

Cuando estamos heridas lastimamos a otros, se afecta nuestra relación con Dios y perdemos la paz. Por eso debemos perdonar, y para eso es necesario desmitificar algunos conceptos que tú tal vez hayas oído y que no te permiten entender qué es y qué no es el perdón.

A mí me gusta enseñar que perdonar es poder recordar la situación que nos hizo daño sin sentir dolor. No es que la hayamos olvidado, ni que actuemos como si nada hubiera pasado. ¡No! Tal vez nunca olvidemos algunas cosas, porque fueron muy dolorosas. Sin embargo, si el Señor nos ayuda a perdonar, después la herida logra cicatrizar.

Yo, por ejemplo, tengo en mi rodilla izquierda una cicatriz que me hice cuando tenía 7 años de edad. Con mi amiga del colegio siempre corríamos y dábamos vueltas agarradas de la mano. Muchas veces yo salía volando, ¡y siempre me golpeaba en la misma rodilla! Así que cuando la herida ya estaba sanando, volvía a sangrar otra vez...

Después de que se repitiera esto muchas veces, me quedo una cicatriz. Hoy, mientras te cuento esta historia, puedo tocarme la herida, pero no me duele. No siento nada, porque finalmente cicatrizó, aunque la marca quedó en mi pierna.

Eso es perdonar. Tú podrás contar tu historia pero ya no estarás sangrando. Al contrario, será un testimonio de cómo Dios te ayudó a dejar la silla de ofensa y te sanó de la amargura.

Ahora, hay otra cosa que debemos recordar cuando sentimos que nos cuesta perdonar, y es que cuando Dios nos pide hacerlo, Él no nos pide nada que Él no haya hecho primero. Dios nos perdonó incluso antes de que nosotros le pidiéramos perdón. ¡Por eso es clave que no olvides nunca el inicio de tu historia con Dios! Él nos perdonó, y por eso nosotras perdonamos a otros. Él nos dio de su perdón para que nosotros podamos perdonar.

Por último, quiero advertirte algo: no vas a sentir ganas de perdonar. No esperes eso. No vas a levantarte un día diciendo: "Hoy me desperté con ganas de perdonar a todos los que alguna vez me lastimaron o me hicieron daño". No, eso no va a ocurrir...

El perdón es algo que tú debes decidir. Incluso puedes decirlo al orar: "Señor, la verdad es que no quiero perdonar, no lo siento y me duele hacerlo. Pero hoy, por encima de mis argumentos y sentimientos, decido perdonar a... por...".

¡Decide hacerlo! (¡Porque probablemente nunca tendrás ganas!). Es un paso de confianza que das, creyendo que el Señor te sanará y que Él es quien, a fin de cuentas, hará justicia. ¡Ese es el camino hacia tu libertad!

Y ahora, ¡shhhh!, te cuento un secreto: ¡muchas veces yo decido perdonar solo por el hecho de que no quiero que el enemigo tenga derecho en mi vida! ¿A qué me refiero? Bueno, si lees Mateo 18:21-35 puedes ver la historia de una persona que fue perdonada pero que no quiso perdonar. Su castigo fue ir como prisionero, ¡y la Biblia dice que los verdugos le hacían daño!

Cuando no perdonamos, hay verdugos que pueden tocar nuestra mente, nuestras finanzas y nuestra salud. En otras palabras, ¡abrimos la puerta para que el enemigo nos pueda hacer daño! Así que perdonar no es solo un mandato y un buen consejo, sino que es una manera de estar protegidas frente a las asechanzas del diablo.

Y además, volviendo a lo que hablamos al principio... ¿quién no quiere ser como el árbol del Salmo 1?

EXAMINA TU CORAZÓN

- Seguramente alguna vez en tu vida te han ofendido o lastimado... ¿Cuál o cuáles de esas situaciones te tienen aún sentada en una silla de ofensa?

- ¿De qué manera crees que aferrarte a esas ofensas te ha hecho daño, o de qué manera ha afectado tu carácter o tu forma de vivir la vida?

- ¿Puedes identificar alguna "raíz de amargura" en tu corazón? ¿Cómo crees que podrías arrancar esa raíz para que no siga creciendo?

OREMOS JUNTAS

Señor, es muy difícil perdonar cuando nos han hecho daño. Cuando hemos sufrido injusticias o nos han lastimado, y en muchos casos ni siquiera se han arrepentido ni nos han pedido perdón. Sin embargo, hoy queremos recordar nuestro propio pecado, y darte gracias porque tú nos vistes de tu misericordia y nos perdonas cada día. Queremos recordar la cruz, Señor, y pedirte que nos ayudes a soltar las sillas de amargura en las que nos hemos sentado por no poder perdonar a otros.

*Señor, en este momento estoy pensando en _____
y al hacerlo, lo que siento es _____. ¡Ayúdame a
perdonar! Señor, hoy por encima de mis sentimientos y
pensamientos, te pido que me des tu perdón inagotable,
y al recibirlo decido perdonar a _____ por
_____. Dejo en la cruz mis sillas, mi
amargura, mi resentimiento, y te pido que me liberes de los
verdugos que me han hecho daño por no perdonar. Hoy
suelto el dolor y te entrego mi corazón para que lo limpies
y para que lo vayas cicatrizando con tu amor y tu poder.
¡Gracias Señor!
Amén.*

DÍA 16:
CUÍDATE DE LOS PEQUEÑOS ENEMIGOS

Como creyentes, muchas veces nos concentramos en hacerle frente a las cosas grandes, a los "Goliats" de nuestra vida. De hecho, todas las personas tendemos a clasificar las tareas que debemos realizar, y solemos elegir completar primero aquellas que implican más tiempo o esfuerzo, porque es normal que pensemos: "Resolvamos de una vez esto, que es lo más complejo, y luego será más fácil resolver las demás cosas". Eso no está mal. De hecho, muchos teóricos de la administración del tiempo y la efectividad recomiendan atacar las cosas grandes antes de ponernos a resolver las pequeñas.

Sin embargo, debemos tener cuidado porque hay un peligro oculto en este plan: ¡podemos llegar a olvidarnos por completo de resolver las cosas pequeñas! Como lo grande nos desgasta, como lo grande demanda más tiempo y atención, a veces dejamos de lado aquellas otras cosas que, si bien es cierto no son tan complejas, no por eso significa que no sean igual de importantes.

Esto nos sucede también en lo que respecta a dejar los hábitos pecaminosos que teníamos en el pasado, antes de conocer al Señor. Miramos atrás y decimos: "¡Vaya! ¡Cuánto he mejorado! ¡Ahora soy súper santa! Antes mentía, antes no honraba a mis padres, antes tomaba alcohol, antes mi vida sentimental era un desorden… ¡Y ahora he cambiado todo eso!".

Es como que comparamos una "foto" de nuestra vida actual con la de antes, y como vemos cambios notorios (cosa que es maravilloso, no lo vamos a desconocer), entonces creemos que ya estamos bien. Creemos que ya no hay más batallas que pelear porque todos los "Goliats" han caído.

¡Debemos tener mucho cuidado de no acomodarnos a esa falsa seguridad! En 1 Corintios 10:12 dice que el que piensa estar firme, mire que no caiga, ¡y esa es una gran verdad!

> ❱ **CUANDO DEJAMOS DE SER HUMILDES ¡SEGURO QUE PRONTO VENDRÁ UNA CAÍDA!** ❰

Cuando creemos que ya logramos todos los cambios importantes, cuando ya somos muy espirituales (según nuestro criterio) y no permitimos que Dios siga mostrándonos en qué crecer, qué soltar, qué aprender... Cuando dejamos de ser humildes y nos llenamos de orgullo, ¡seguro que pronto vendrá una caída!

Hay pequeños enemigos que, aunque no sean tan grandes como Goliat, igualmente pueden hacernos daño.

Mira estos dos pasajes que siempre vienen a mi mente cuando pienso en no descuidar lo pequeño:

"Las moscas muertas dan mal olor y echan a perder el perfume...".

Eclesiastés 10:1

"Las pequeñas zorras están arruinando las viñas. Atrápalas; pues los viñedos están en flor".

Cantares 2:15

Debemos estar siempre alertas y orar para que Dios no solo nos ayude con los gigantes que debemos enfrentar, sino para que también nos ayude a cuidarnos de lo pequeño. Porque, así como Goliat nos puede arruinar la vida, la Biblia nos enseña que aunque trabajemos duro, también las pequeñas zorras se comerán los frutos del viñedo si no las sacamos del territorio. O podemos esforzarnos en que nuestra vida le dé honra a Dios, derramando el mejor perfume para Él, pero si permitimos que haya moscas, todo el aroma se verá arruinado.

Ahora piensa en tu propia vida. ¿Cuáles son esos pecados (o "pecadillos") que hasta ahora no veías como algo a lo que debías prestarle atención, porque como ya derribaste "los pecados grandes" del pasado, pensabas que con eso era suficiente? ¿Cuáles son aquellas cosas "de menor importancia" pero que pueden estar afectando tu fruto y tu aroma?

En este sentido te doy algunas ideas que vienen a mi mente:

- No terminar lo que inicias (obras inconclusas)
- Ser impuntual
- No cumplir tu palabra
- Mentir
- No ser humilde para reconocer tus errores
- Ser áspera con tus palabras
- Ser irritable
- Ser perezosa o muy pasiva
- Ser orgullosa
- Tener tendencia a controlar las cosas

Tal vez al leer esta lista se te ocurran otros ejemplos. Sería bueno que las escribas, para que puedas luego trabajarlas con la guía del Espíritu Santo.

Otra forma de guiarte a la reflexión puede ser haciéndote preguntas tales como:

¿Hay algo que hayas visto en las redes sociales o en series que sabes que no le agradó a Dios y pudo afectar tu mente?

¿Has estado negociando algunos límites con la mundanalidad?

¿Hay algún área de tu vida, aunque sea muy pequeña, en la que no le has dado el trono a Dios para que gobierne allí?

Con las preguntas anteriores solo quiero darte ideas de cosas que a veces dejamos pasar, cosas contra las cuales tal vez no tengamos la intención de batallar, y que pueden hacernos caer o impedir que sigamos avanzando en nuestro andar con Jesús.

¿Qué debes hacer entonces, una vez que tengas identificados tus "pequeños enemigos"?

Lo más importante es que no los ignores, sino que digas: "Ups, aquí tengo una mosca que debo eliminar". Así que, ¡ya diste el primer gran paso!

Lo segundo que te recomiendo que hagas es que le pidas perdón a Dios en oración por haber sido permisiva con ciertas cosas. Por haberte acostumbrado, de alguna manera, a esos pecados "más pequeños", y no haber tomado decisiones frente al tema.

Finalmente, la tercera cosa es definir un plan de acción: ¿cómo vas a ser libre de esto? Ya reconociste los "pequeños pecados" que debes erradicar de tu vida, te arrepentiste, le pediste perdón a Dios, ¡y ahora llegó el momento de actuar!

Aquí te comparto una lista con varios ejemplos de decisiones concretas que podrías tomar, aunque por supuesto puede haber muchos otros:

- Definir para qué fecha acabarás de leer los tres libros que tienes a mitad de lectura en tu mesa de noche.

- Tener una charla con tus papás y pedirles perdón por la forma como les has hablado o la manera en que has estado reaccionando en las últimas semanas.

- Definir horarios y actividades, y estar determinada a no postergar más las metas pendientes, dejando la pereza y las excusas.

- Hacer esa llamada (tú sabes a quién) simplemente para pedirle perdón con humildad, disculpándote sin intentar justificarte.

Una buena idea es buscarte una consejera o líder a quien puedas rendirle cuentas de cómo vas en este proceso, no solo para pedirle que te apoye en oración, sino para tener un compromiso que te ayude a lograr un cambio real.

Ten en cuenta que además debes establecer un plan para cuidar el terreno espiritual que estás cultivando. Si hay zorras pequeñas que están entrando y se comen el fruto, ¿qué cercas puedes poner que les impidan a las zorras entrar? Esto es muy importante, y muchas veces lo pasamos por alto. Somos diligentes en limpiar el terreno, sembrarlo y abonarlo... pero si no ponemos límites, no solo las zorras entrarán, sino también otros animales y plagas.

Jesús dijo algo interesante en Mateo 12:43-45, cuando enseñó por medio de una parábola diciendo de nada sirve limpiar la casa si luego la dejas desocupada:

"Cuando un espíritu malo sale de una persona, se va a lugares solitarios en busca de reposo. Al no hallarlo, el espíritu se dice: «Es mejor que regrese a la casa de donde salí». Al regresar, la encuentra desocupada, barrida y arreglada. Entonces el espíritu va y busca siete espíritus peores que él y juntos habitan en aquella casa...".

¡Esto no nos puede pasar! Necesitamos ordenar nuestra vida y llenarla de la Palabra de Dios, inundarla de la presencia del Espíritu Santo, y decorarla con alabanza y adoración. Así, la presencia del Señor será tan notoria en nuestra vida que nada ni nadie podrá entrar a dañarla.

EXAMINA TU CORAZÓN

- ¿Qué moscas han arruinado el aroma de la presencia de Dios en tu vida? ¿Qué zorras debes sacar de tu terreno para que no se coman el fruto? ¿Qué "pequeños pecados" te has acostumbrado a tolerar en tu vida?

- ¿Qué decisiones podrías tomar para quitar de tu vida estos "enemigos pequeños"? Menciona al menos cinco.

- Basándote en el punto anterior, escribe un plan de acción concreto para la próxima semana y para el próximo mes.

OREMOS JUNTAS

Señor, te damos gracias por los gigantes que pudimos vencer en el pasado con tu ayuda. Que este sea un recuerdo que nos de ánimo para vencer los retos actuales, y no un trofeo que nos ancle a las victorias del pasado, distrayéndonos del presente. Ayúdanos a eliminar a las moscas y a las pequeñas zorras, y a desarrollar tu carácter en todas las áreas de nuestra vida.

¡Señor, yo te agradezco por todos los "Goliats" que me ayudaste a vencer en mi vida! Te pido hoy que me ayudes con todas esas otras cosas que descuidé por no ser tan grandes, pero que hoy he aprendido que también son importantes. ¡Perdóname! Hoy me arrepiento de corazón. Quiero cuidar mi vida para que mi fruto no se pierda, y para que mi aroma sea agradable a ti. ¡Te amo, Señor!

Amén.

DÍA 17:
CUANDO HUIMOS DE DIOS

Hace unas semanas Dios me dio la inquietud de estudiar Jonás, ¡y fue maravilloso ver cuántos tesoros pueden entrar en tan solo cuatro capítulos! De hecho, encontré tantas cosas que me encantaron que te las iré compartiendo a lo largo de los próximos días (¡porque un solo día no me alcanzaría para hacerlo!). Lo que te pido es que, si puedes, leas el libro de Jonás a la par que lees estos devocionales, ¡así los entenderás en más detalle!

Básicamente, para resumir un poco la historia, Dios le dijo a Jonás que fuera a predicar a Nínive, pero él desobedeció y se fue en barco a otro destino: Tarsis. Entonces, por su necedad y su desobediencia, se desató una tormenta que puso en riesgo la seguridad del barco y la vida de los marineros.

Y aquí aparece el primer punto clave, y es que no podemos culpar al diablo (ni a Dios) de ciertas tormentas que nosotras mismas causamos por ser necias, tercas o desobedientes al Señor.

Imagínate que Jonás no era un israelita común. Era Hijo de Amitay, un profeta en el reino del norte de Israel. Es decir, él debió haber sabido muy bien que si Dios le daba una instrucción, obedecer era parte de su llamado y esencia. Sin embargo, Jonás decidió armar un plan diferente para huir de lo que Dios le había pedido hacer. ¡Jonás huyó del llamado que Dios le había dado!

Ahora, examina tu propia vida. ¿Existe la posibilidad de que estés huyendo de algo que Dios quiere que hagas?

Claro está que Jonás tenía sus razones... Nínive era una ciudad sanguinaria. Ellos eran conocidos por ser crueles en las guerras, y además eran muy idólatras. Realmente Nínive era un territorio difícil.

¿Qué puede representar Nínive hoy en día para nosotras?

Algo que Dios nos pide y queremos evitar.

Algo que nos da miedo y Dios nos pide enfrentar.

Un lugar incómodo, un lugar en el que sentimos que no queremos estar, pero al que Dios de todos modos nos envía.

Algo que sabemos que Dios nos ha encargado, aunque sentimos que no podemos, que no estamos listas.

Una tarea para la cual nos gustaría que Dios mandara a otra persona... pero nos mandó a nosotras.

Y aquí hay otra clave que tenemos que aprender del libro de Jonás, y es que nunca podemos huir de Dios.

Ya lo dijo el salmista:

"¡Jamás podré alejarme de tu Espíritu! ¡Jamás podré huir de su presencia! Si me voy al cielo, allí estás tú. Si desciendo al lugar de los muertos, allí estás".

Salmos 139:7 y 8

Jonás pensó que sí podía huir de Dios, y se embarcó hacia Tarsis muy tranquilo... hasta que ocurrieron una serie de cosas que él no se esperaba. La Biblia dice que Dios envió un viento y una tempestad tan terribles, que mira lo que sucedió:

"Temerosos de perder la vida, los desesperados marineros gritaban pidiendo ayuda a sus dioses, y arrojaban la carga

al mar para que la nave quedara más liviana. Mientras tanto, Jonás dormía profundamente en el fondo del barco.

El capitán bajó a buscarlo y, cuando lo encontró, le gritó:

— ¿Qué haces aquí dormido? ¡No es tiempo de dormir! ¡Levántate y clama a tu Dios! ¡Quizás tenga misericordia de nosotros y nos salve!".

Jonás 1:5 y 6

Aquí está el problema: Cuando armamos nuestro propio plan y creemos que podemos controlar las cosas, aun sabiendo que estamos actuando sin la aprobación de Dios, ¡de alguna manera nos estamos creyendo Dios! Y encima de todo esto, ¡Jonás se dio el lujo de ponerse a dormir! (Recuerda el relato de Marcos 4. ¡En una barca con tormenta, el único que puede dormir es Jesús! Si te duermes como Jonás es porque te estás confiando tanto que estás creyendo que eres Dios... y no es así...).

La historia continúa con los marineros desesperados haciéndole un montón de preguntas a Jonás:

"— ¿Qué hiciste para que nos viniera este mal? ¿Quién eres? ¿En qué trabajas? ¿De qué nacionalidad eres? ¿De qué país vienes? —le preguntaron".

Jonás 1:8

Finalmente, con todas las preguntas que le hicieron, Jonás confesó:

"—Soy hebreo, soy devoto del Señor, el Dios del cielo, quien hizo el mar y la tierra. Lo que está sucediendo es por mi culpa, pues trato de huir de la presencia de Dios —les respondió.

Los hombres se asustaron mucho cuando oyeron esto, y le preguntaron:

— ¿Por qué lo hiciste? Dinos, ¿qué debemos hacer contigo para detener la tormenta?

Porque el mar se embravecía más y más.

—Arrójenme al mar —les dijo— y el mar se aquietará nuevamente. Porque yo sé que esta tormenta ha venido por mi culpa".

Jonás 1:9-12

Aquí vemos que Jonás estaba dispuesto a morir para arreglar la situación (recuerda que él no sabía que no iba a morir... nosotras lo sabemos porque ya leímos el resto de la historia). Lamentablemente, hoy en día también hay muchas personas que piensan en morir como una solución, en lugar de ir al Señor y pedirle perdón por su desobediencia. ¡Qué bueno sería compartir la historia de Jonás con estas personas!

¿Qué cómo terminó la historia?

Bueno, luego de intentar otras alternativas, finalmente lo arrojaron al mar embravecido, y la tempestad se calmó de inmediato. ¡Los marineros quedaron tan sorprendidos que reconocieron al Señor como el Dios verdadero!

Y ... la historia podía acabar allí, ¿verdad? Podríamos pensar: "Es que no hay nada que hacer... Se lo tenía bien merecido... Cuando somos necios, cuando desobedecemos deliberadamente a Dios y hacemos nuestros propios planes, pues acabamos mal...".

Así es como juzgaríamos a Jonás nosotras desde nuestra humanidad y dureza. ¡Qué bueno que el Señor no es como nosotras!

"El Señor es compasivo y misericordioso, lento para enojarse y lleno de amor. Él es bueno con todos; y derrama compasión sobre su creación".

Salmos 145:8-9

¡Qué bueno que nuestro Dios no guarda rencor ni paga mal por mal, sino que es compasivo y lleno de misericordia!

No. La tormenta que Jonás causó no fue el final de su historia.

De la misma manera que tu error tampoco es el final de tu historia.

> **TU DESOBEDIENCIA NO ES EL FINAL. PARA DIOS NO SE HA ACABADO TU HISTORIA NI TU LLAMADO**

Tu terquedad no es el final. Tu desobediencia no es el final. Aunque las personas a tu alrededor puedan opinar lo contrario, para Dios no se ha acabado tu historia ni tu llamado.

No, la historia de Jonás no acabo aquí, y ¿sabes algo? Tu historia tampoco ha acabado...

EXAMINA TU CORAZÓN

- ¿Has desobedecido alguna vez a Dios en algo que Él te pidió que hicieras? ¿En qué? ¿Por qué lo desobedeciste? (¿Miedo? ¿Vergüenza? ¿Pereza? ¿Otras razones...?).

- ¿Has tenido alguna vez (luego de desobedecer a Dios o pecar) pensamientos de que ya no podrás volver a retomar el plan de Dios y su propósito para tu vida?

OREMOS JUNTAS

Señor, hoy nos acercamos a ti tal vez con un poco de vergüenza porque reconocemos que en algún área de nuestra vida hemos estado desobedeciendo tus mandatos, o huyendo de lo que nos encargaste hacer.

Señor, perdóname porque _____.
¡Quiero cambiar, Señor! ¡Quiero hacer tu voluntad! Te doy gracias porque así como la vida de Jonás no acabó al caer en el mar, la mía tampoco se acaba cuando me equivoco. Hoy me sacudo la culpa y vergüenza, y recibo tu perdón. ¡Gracias, Señor!

Amén.

DÍA 18:
DIOS PROVEE SALVACIÓN

Hoy quiero enfocarme en otro punto interesante de la historia de Jonás, y es que en ella vemos cómo Dios busca revelarse no solo a quienes no lo conocen (representados por la ciudad de Nínive) sino también a aquellos que lo conocemos (representados por Jonás).

Jonás conocía a Dios, pero a lo largo de esta historia conoce nuevos aspectos de Él, y en el proceso vemos cómo Dios hace cosas para atraer a su profeta a un nuevo nivel de relación con Él.

Dios quería que Jonás entendiera cómo Él se compadece de los perdidos y el grado de amor con el que Él busca salvar a todos. Para esto, en esta segunda parte de la historia Dios proveyó tres cosas: salvación, gracia y formación.

Hoy vamos a dedicarnos a la primera de las tres: la salvación. Como vimos ayer, Jonás indicó a los marineros que lo arrojaran al mar, pensando que iba a morir. Sin embargo, Dios proveyó un pez.

No fue suerte lo que tuvo Jonás. Y no se lo tragó un pez cualquiera que justo pasaba por allí. La Biblia dice que Dios había planeado todo:

"El Señor había planeado que un gran pez se tragara a Jonás".

Jonás 1:17

¡Dios le salvó la vida!

Ahora piensa, ¿qué puede ser "el pez" para ti?

Puede ser un lugar extraño, una situación desconocida, algo limitado, que no controlas, y donde puedes sentirte sola.

Es incómodo, y huele apestoso, pero es un lugar dado por Dios para salvarte.

No estás muerta dentro del pez (¡no te comió un tiburón!) pero tampoco estás donde querías estar.

No eres libre, estás dentro de algo que no entiendes, pero es un lugar donde tienes una nueva oportunidad…

La misericordia de Dios es taaaaan grande y hermosa que, a pesar del pecado de Jonás, el Señor no permitió que muriera. ¡En cambio, le extendió salvación!

Jonás seguramente entendió esto, y por eso fue dentro del pez donde él se rindió, oró, pidió perdón y ayuda a Dios, e hizo un pacto de obediencia con el Señor:

"Entonces Jonás oró al Señor desde el vientre del pez:

«En medio de mi gran angustia clamé al Señor, y él me respondió. Estando ya muy cerca de morir te pedí ayuda, y tú, Señor, oíste mi súplica.

[…]

Entonces dije: "He sido arrojado de tu presencia. ¿Cómo me será posible volver a visitar tu santo templo de Jerusalén?".

Las aguas me rodearon y la muerte estaba cada vez más cerca; estaba en lo más profundo y las algas se enredaban a mi cuerpo. Descendí hasta donde están las bases de las montañas que salen de lo profundo del océano. La vida se me escapaba poco a poco, y me sentía ya más muerto que vivo. Pero tú, Señor, Dios mío, me salvaste de esa situación desesperada y me permitiste seguir con vida.

Cuando casi había perdido toda mi esperanza, mis últimos pensamientos los dirigí una vez más al Señor, y mi oración desesperada fue escuchada por él.

[...]

Pero yo para siempre te rendiré homenaje y te ofreceré sacrificios rituales en agradecimiento por lo que has hecho por mí. Cumpliré las promesas que te hice. ¡Solamente el Señor me puede salvar!».

Entonces el Señor ordenó al pez que vomitara a Jonás en la playa, y así lo hizo el pez".

Jonás 2:1-2, 4-7, y 9-10

> **SI TÚ CAUSASTE LA TORMENTA, PARA LLEGAR A LA PLAYA SOLO DEBES ARREPENTIRTE**

Ayer empezamos a orar pidiendo perdón, pero hoy vamos a profundizar en nuestro arrepentimiento, porque hay algo que esta historia nos enseña, y es que si tú causaste la tormenta, para llegar a la playa solo debes arrepentirte. Cuando reconoces tu pecado, Dios manda al pez que te vomite. ¡Qué fácil! ¿Verdad? Sin embargo, a veces nos demoramos en salir de una situación compleja porque solo esperamos el milagro de parte de Dios, pero no hacemos un alto para examinarnos a nosotras mismas y ver si hay algo de lo que debamos arrepentirnos y pedir perdón.

Pero volvamos a la historia bíblica. ¡Ahora viene lo grandioso! Ya en tierra firme, el Señor habló y le dijo por segunda vez a Jonás: "Ve a Nínive y comunícales el mensaje que te voy a dar". Claramente, Dios no acepta huidas ni renuncias. En otras palabras, es como si Dios le hubiera dicho a Jonás: "Te he dado una segunda oportunidad, pero recuerda que aún tienes una tarea pendiente. Espero que me obedezcas esta vez". Dios no nos descarta al primer error. El Señor dice: "Aunque una vez fallaste, yo creo en ti. Te doy tu misión de nuevo, y espero que la cumplas".

La historia termina bien, porque Jonás obedeció. La prédica que hizo en Nínive anunciando la destrucción en cuarenta días, generó un tremendo y genuino arrepentimiento en la ciudad. ¡Todos se arrepintieron, hasta el rey! Luego Dios cambió de parecer y dio misericordia a la ciudad. ¡Cuán grande es el amor de Dios!

Tal vez tu experiencia con tu padre o madre terrenal no haya sido positiva en este sentido. Quizás en lugar de nuevas oportunidades, lo que recibías cuando fallabas era que te trataran mal y te hicieran sentir que ya nunca más podrías ganar su confianza. Quizás incluso seguían recordándote tu error aun cuando hubiera pasado mucho tiempo. Todo esto puede haber afectado tu propia confianza en ti misma, poniendo sobre ti un peso de condena y de descalificación.

¡Te animo hoy a alimentar tu esperanza con esta historia que acabamos de leer! Dios te perdona cuando reconoces tu pecado, y Él te restaura. Él no te abandona en tus caídas, sino que te ayuda a levantarte y seguir avanzando.

"... porque puede que caigan siete veces, pero cada vez que caigan se levantarán...".

Proverbios 24:16

Sé que a todas nos afecta cuando le fallamos a Dios, cuando lo desobedecemos, o cuando pretendemos reemplazar sus planes por los nuestros. Por eso la historia de Jonás es una de mis favoritas, porque nos recuerda que nunca es tarde para volver a Dios. Y lo mejor de todo es que Dios no solo te perdona cuando fallas, sino que te dice: ¡Sigamos en lo que veníamos trabajando juntos!

EXAMINA TU CORAZÓN

- Piensa en alguna vez en que le hayas fallado a Dios, ya sea desobedeciéndolo o intentando reemplazar sus planes con los tuyos. ¿Qué fue lo que sucedió? ¿Cómo te sentiste?

- Vuelve a leer la oración de Jonás cuando estaba dentro del pez. ¿Qué frase te confronta? ¿Qué frase te inspira? ¿Qué parte de esa oración quisieras hacer tuya hoy?

- ¿Qué recuerdos tienes de tu relación con tus padres, que puedan estar afectando tu capacidad de entender o de recibir el perdón de Dios? (¡Entrégale esos recuerdos a Dios para que Él te sane!).

OREMOS JUNTAS

Señor, ayúdanos a soltar la idea de que cuando te fallamos es muy difícil ser perdonadas por ti. Hoy renunciaos a vernos a través de la culpa y de las malas experiencias que tuvimos con nuestros padres. Gracias porque en la historia de Jonás tú nos muestras que eres un Dios bueno que está listo para perdonarnos cuando nos arrepentimos, y que aun quieres usarnos a pesar de los errores que cometimos en el pasado.

Señor, yo te doy gracias porque así como tú preparaste el pez para Jonás, así has preparado hoy una oportunidad para mí, para que yo me arrepienta y vuelva a ti. Quiero pedirte perdón Señor por _____ y por _____. Gracias porque tú me salvas de la condenación y de la muerte con tu amor verdadero y eterno, y gracias porque al volver a ti me veo vestida de misericordia y perdón, sabiendo que puedo tener un nuevo inicio a tu lado.

Amén.

DÍA 19:
DIOS PROVEE GRACIA

La palabra "gracia" es un término muy utilizado entre los cristianos. En el fondo encierra un concepto teológico muy profundo, pero que es sencillo de entender si lo vemos de este modo: gracia es cuando Dios no nos da lo que deberíamos recibir por nuestro pecado, sino que nos da su perdón aunque no lo merezcamos.

Dios no solo nos muestra su gracia en que envió a su Hijo a morir en la cruz por nuestros pecados para darnos salvación. También podemos verla en nuestra vida cotidiana, en medio de nuestros errores, cuando notamos que Dios nos ama más allá de lo que nos imaginamos. Dios no solo nos perdona, también nos bendice. Nos da siempre más y mejor de lo que merecemos, ¡porque su amor es increíblemente grande!

Volviendo a la historia de Jonás, podemos ver que Dios no solo lo salvó del gran pez. Un poco más adelante nos encontramos con que, como Jonás esperaba que Dios destruyera Nínive (incluso luego de que él les hubiera predicado), se fue lejos de la ciudad para ver si Dios al fin la destruiría o no.

Claramente, esta actitud no era la correcta. Jonás aún no había logrado entender que, así como él mismo había recibido una segunda oportunidad de parte de Dios cuando se equivocó, así también Dios quería darle una oportunidad a Nínive.

Sin embargo, a pesar de esta actitud, el Señor en su gran bondad hizo crecer un árbol de calabaza para cubrirlo y darle sombra. Realmente no era necesario ese árbol, pero Dios quería mostrarle a Jonás su cuidado. Era un detalle de su amor.

Así también Dios nos muestra su gracia a nosotras en nuestro caminar con Él (o cuando volvemos a caminar con Él luego de equivocarnos).

De modo que quiero que tengas siempre presente que...

- Somos cuidadas por su gracia.
- Somos protegidas por su gracia.
- Somos sanadas por su gracia.
- Somos bendecidas por su gracia.
- Somos perdonadas por su gracia.
- Somos restauradas por su gracia.
- Somos prosperadas por su gracia.

Por supuesto, esto también debería hacernos pensar en qué tanto nosotras damos gracia a otros, ¿verdad? La Biblia dice en Mateo 10:8 (NVI): *"Lo que ustedes recibieron gratis, denlo gratuitamente"*.

Solemos esperar de Dios perdón, segundas oportunidades y ayudas "extras", pero cuando alguien nos falla y nos pide perdón muchas veces somos duras para perdonar. Tendemos a llevar la cuenta de los errores de otros sin siquiera mostrar un poco de esa gracia que hemos recibido por parte del Señor.

Jonás también tenía un problema con esto. Él recibió gracia, pero peleó con Dios cuando el Señor quiso perdonar a la gente de Nínive.

¡Cuántas veces somos egoístas y olvidamos que el corazón de Dios es diferente al nuestro: es amplio en compasión y no tiene preferencias! Intenta recordar esto siempre... Si queremos reflejar el amor de Dios para que otros crean, entonces debemos extenderles gracia, perdón y ayuda, así como Dios nos las ha dado a nosotras.

> **EL CORAZÓN DE DIOS ES DIFERENTE AL NUESTRO: ES AMPLIO EN COMPASIÓN Y NO TIENE PREFERENCIAS**

Ahora quiero que mires tu propia vida y pienses a quién tienes "bajo castigo" hace tiempo. ¿A quién no has perdonado? ¿Hay alguna persona que haya buscado cambiar y disculparse, pero tus argumentos te dicen que no lo merece?

Sé que es difícil lo que te estoy preguntando, y seguramente hay situaciones extremas en las que perdonar no es fácil. Pero hoy quiero que mires la cruz y recuerdes el sacrificio que Jesús hizo allí y que tú no te merecías. También quiero que mires hacia atrás en tu vida y veas las veces que has recibido un nuevo voto de confianza, una ayuda en tiempos de vulnerabilidad, una calabacera para cuidarte del mal clima, y no necesariamente porque estuvieras andando en perfección sino porque Dios, a pesar de tus debilidades, te mostró su amor y cuidado.

Y hablando de calabaceras, yo creo que también Dios puede usarnos en esto, porque hay personas que necesitan nuestra sombra, necesitan que nosotras seamos árboles de refrigerio para ellos, pues así verán a Dios y podrán creer en Él.

Uno de mis primeros trabajos cuando salí de la universidad fue coordinar un proyecto a través del cual las personas que vivían en la calle en un sector con mucha miseria y muy peligroso de Bogotá, podían ingresar a un programa especial de un año. Durante ese año se las guiaba en un proceso integral de cambio que incluía terapias, ayudas en adicciones, hábitos de salud, alimentación, resocialización, la elaboración de un nuevo proyecto de vida y muchas cosas más.

A las pocas semanas de iniciar este trabajo tuvimos una reunión y las trece familias que ingresaron al programa nos expresaron su asombro. Mientras les entregábamos los alimentos, las llaves de su alojamiento y la planificación de las clases y espacios de ayuda, ellos nos preguntaban, sorprendidos, cosas como: "¿En serio nos van ayudar así? ¿Esto es para mí y mis hijos? ¿Usted que ha estudiado quiere ayudarme a mí? ¿De verdad quiere conocer mi historia? ¿Es cierto que no debo pagarles nada?".

Realmente fue una experiencia maravillosa el poder ayudarles y aprender de ellos a la vez. ¡Nunca olvidaré lo sorprendidos y felices que estaban! Y es que para estas personas, acostumbradas al rechazo y al estigma social, recibir una oportunidad de cambio y de un futuro diferente es de mucho valor. Tener una cama limpia donde dormir, una alimentación adecuada y diferentes profesionales que los ayudarían durante ese año, todo eso era increíble para ellos. ¡Era un sueño hecho realidad!

¡Demos gracia sin esperar nada a cambio, sin demandar reconocimiento, solo dando de aquello que también nosotras hemos recibido! Y no olvidemos jamás que fuimos rescatadas por el Señor, y que al tenerlo en nuestro corazón podemos ser instrumentos para que otros le conozcan.

EXAMINA TU CORAZÓN

- Mira hacia atrás y nombra tres momentos en tu vida en los cuales recibiste gracia de parte de Dios, perdón que no merecías, o una nueva oportunidad cuando te equivocaste. ¡Luego dale gracias a Dios por su inmensa bondad!

- Nombra tres personas a las que necesitas perdonar y extenderles esa gracia que tú recibiste gratuitamente de parte del Señor. ¿Puedes hacer una oración de perdón ahora?

- ¿Cómo puedes ser una dadora de gracia y de oportunidades para aquellos que lo necesitan en tu comunidad?

OREMOS JUNTAS

Señor, te pedimos perdón si a veces asumimos con egoísmo tu favor hacia nosotras. ¡No permitas que nos acostumbremos a tus cuidados sin tener un corazón agradecido! Ayúdanos a sentir compasión por otros que, al igual que nosotras, necesitan de tu gracia. Queremos ser instrumentos tuyos para bendecir a otros.

Padre, yo te doy gracias por tu gracia a pesar de mis errores, y por tus cuidados y detalles en cada momento de mi vida. ¡Que nunca se me olvide que no merezco todo esto! Que nunca piense que me lo he ganado. Que sepa siempre que todo es por tu amor inagotable. Te pido Señor que abras hoy mis ojos para ser sensible y ver a quiénes puedo dar de esa gracia que tú me has dado. Úsame para que de esa manera puedan verte a ti a través de mí.

Amén.

DÍA 20:
DIOS PROVEE FORMACIÓN

Hoy estamos terminando esta serie de reflexiones sobre Jonás, y sin duda ha sido increíble todo lo que hemos aprendido juntas. ¡Espero que hayas disfrutado tanto como yo!

Ya hablamos sobre el pez y sobre el árbol de calabaza que Dios le proveyó a Jonás, pero hay una tercera cosa que el Señor le dio, y la verdad, fue algo inesperado. La Biblia dice que Dios proveyó... ¡un gusano! ¿¿Un gusano?? ¡Sí!

No te preocupes, comprendo tu desconcierto... Es como que no cuadra, ¿verdad? Pero sí, apareció en la historia un gusano que se comió parte del árbol, el árbol se marchitó, al amanecer salió un sol ardiente, y dice la Palabra que Dios con este sol envió también un viento abrasador con el que Jonás ¡se insoló!

¿Por qué todo esto?

¿No hubiera sido mejor que el Señor le diera solamente salvación y gracia?

¿Por qué tuvo que venir también un gusano acompañado de un sol ardiente y un viento abrasador?

Reflexionando sobre esto aprendí que lo tercero que Dios provee en nuestro andar con Él, una vez nos hemos rendido a su voluntad y a sus planes, es formación. ¡Jonás necesitaba ser moldeado en su llamado!

Ya vimos a lo largo de la historia sus debilidades de carácter:

Jonás discutía con Dios, se creía independiente, era necio, terco y desobediente, juzgaba a otros con dureza, era orgulloso... y podríamos seguir con la lista. Evidentemente, en el carácter de Jonás había cosas que necesitaban ser transformadas. El pez había sido solo el primer paso. ¡A Jonás le faltaba la revelación del corazón de Dios! Jonás servía a Dios, pero había ciertas cualidades que aún no había desarrollado en su carácter, y para que pudiera cumplir con su llamado, Dios necesitaba moldearlo.

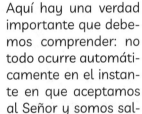

REQUIERE TIEMPO DEJARNOS MOLDEAR POR EL SEÑOR

Aquí hay una verdad importante que debemos comprender: no todo ocurre automáticamente en el instante en que aceptamos al Señor y somos salvas. Requiere tiempo dejarnos moldear por el Señor. Jonás era un líder, un profeta, pero eso no significaba que no tuviera áreas en las que aún debía madurar.

Hoy en día nosotras a veces resistimos el hecho de ser formadas, y este es un grave error. Yo amo a mis hijos, pero también deseo que sean personas educadas y llenas del Señor. Eso implica límites, consejos, ejemplo y muchas cosas más.

Dios es un padre bueno que quiere formarnos. Como ya vimos, Jonás no entendía que la misericordia que lo había salvado a él también era para Nínive. Él se creía más que los de Nínive. Era orgulloso, y necesitaba ser formado en esa área.

De la misma manera, un cristiano maduro no puede sostenerse solo por la salvación y la gracia. Requiere ser formado, crecer en la manera en que afronta las cosas, y desarrollar el carácter de Dios en su vida.

"De esta manera, todos llegaremos a estar unidos en la fe y en el conocimiento del Hijo de Dios, hasta que lleguemos a ser una humanidad en plena madurez, tal como es Cristo".

Efesios 4:13

Cuando Dios nos forma, busca que nos identifiquemos con Él, con su corazón. ¡El gusano no era una plaga enviada por el diablo! Dios lo envió para confrontar a Jonás, para sacar lo peor de su interior, y que así Dios pudiera revelársele a otro nivel. Con el gusano Dios despojó a Jonás de su seguridad, de su arbusto de calabaza, para enseñarle el amor por los perdidos, el corazón del Padre, el corazón que Él tiene por todos nosotros... Allí, en medio de todo eso, Dios le enseñó de su amor:

"Entonces el Señor le dijo:

—Sientes lástima porque fue destruida la planta que te daba sombra, aunque tú no trabajaste en ella y, que de todos modos, es de corta vida. Y ¿por qué no iba yo a tener lástima de la gran ciudad de Nínive, con sus ciento veinte mil habitantes que no saben distinguir entre lo bueno y lo malo, y de todo su ganado?"

Jonás 4:10 y 11

A veces el Señor trabaja de la misma manera en nuestras vidas. El gusano que se come aquello que nos daba seguridad, el calor extremo y el viento abrasador, pueden ser todas formas que Dios use para confrontarnos, para que seamos más sensibles a lo que Él siente. Es como si el Señor se nos revelara y nos dijera: "¿Ves? Esto es lo que a mí me conmueve. Quiero que lo entiendas porque debe dolerte lo que a mí me duele, para que me puedas servir con un corazón que ame lo que yo amo, y sufra por lo que yo sufro. ¡Yo quiero un profeta que tenga mi corazón, y por eso necesito formarte!".

Su gracia está disponible siempre para nosotras (¡no lo olvides jamás!), pero su interés al salvarnos iba más allá. Él deseaba revelar su corazón a nosotras para que así podamos ser un reflejo de Él en este mundo que tanto se parece a Nínive.

EXAMINA TU CORAZÓN

- ¿En qué aspecto de tu vida has estado "peleando" o "discutiendo" con Dios, resistiéndote a ser formada por Él?

- Así como Jonás tenía algunas áreas de su carácter que no habían sido rendidas al Señor, y que por lo tanto aún no habían sido moldeadas por Él, ¿cuáles reconoces que son las tuyas?

- ¿Qué es lo que sientes que Dios quiere mostrarte de su corazón en este tiempo, para que puedas amar a otros como Él ama?

OREMOS JUNTAS

Señor, a partir de hoy queremos aceptar tu formación en lugar de resistirla. Sabemos que nos amas y quieres lo mejor para nosotras, y también entendemos que si deseamos ser usadas por ti necesitamos ser moldeadas a tu imagen y semejanza.

Yo te pido perdón, Señor, si en ocasiones me he resistido a los procesos mediante los cuales tú buscas que te conozca más y deje atrás mis viejos hábitos de carácter. Quiero ser como tú, quiero reflejar a otros tu corazón, y para eso entiendo que necesito morir a mí misma para que tú vivas en mí, para que así pueda yo ser un testimonio vivo de tu amor por este mundo. ¡Gracias por amarme como un Padre bueno que me cuida, me enseña y me forma!

Amén.

DÍA 21:
SOLO SE PERDIÓ EL BARCO

Antes de comenzar, quiero pedirte que te tomes un par de minutos para leer en tu Biblia el capítulo 27 del libro de los Hechos. Allí se narra la historia de cómo Pablo tuvo que atravesar una increíble tormenta en el mar. Cuando lo leas, imagínate una película de cine, ¡pues realmente es muy emocionante el relato bíblico! Una vez lo leas retoma el devocional.

¿Listo? ¡Comencemos, entonces!

Como seguramente ya sabrás, el apóstol Pablo fue uno de los héroes de la Iglesia primitiva. Luego de su encuentro con Jesús pasó de ser un perseguidor de los primeros cristianos, a ser uno de los cristianos más perseguidos. Por su predicación, el evangelio se expandió a muchos lugares. Cierto día, después de predicar, sus enemigos lo acusaron, y fue encarcelado y azotado. En medio de todo esto, el Señor le habló a Pablo...

"A la noche siguiente el Señor se apareció a Pablo, y le dijo: «¡Ánimo! Así como has dado testimonio de mí en Jerusalén, es necesario que lo des también en Roma»".

Hechos 23:11 (NVI)

En otras palabras, Dios le dijo: *"Esto que te está sucediendo, yo lo voy a usar para que prediques en Roma; ese será tu próximo destino".* En los días siguientes Pablo tuvo que comparecer ante diferentes autoridades. Él no aceptó los cargos por los que lo estaban acusando y apeló al Cesar, por lo cual lo tuvieron que trasladar a Roma.

Y aquí viene el primer detalle que me llama la atención: si bien es cierto que Dios había escogido a Roma como próximo destino para Pablo, ¡vemos en Hechos 27 que eso no implicó que fuera fácil para Pablo llegar allí! Algunas de las cosas que ocurrieron en el viaje fueron: Pablo salió con otros prisioneros, los guardias y la tripulación del barco, y tuvieron que enfrentar fuertes vientos. El clima se puso más peligroso porque estaba acabando el otoño y se aproximaba el invierno. Pablo le dijo al oficial que tendrían problemas por el clima y que iban a naufragar, pero el oficial no lo escuchó y decidió seguir navegando. Finalmente, el clima cambió abruptamente. Vino un viento huracanado y fueron empujados a mar abierto. Fue tan duro que se dieron por vencidos. Lo único que lograron fue bajar el ancla para disminuir un poco la velocidad. Sin embargo, el vendaval azotó duramente el barco. La tempestad rugió muchos días, ocultando el sol y las estrellas. La Biblia dice que perdieron la esperanza, y que no comieron por varios días.

Sin embargo, de repente, sucedió algo que nadie se esperaba. Pablo comenzó a hablarles a los doscientos setenta y seis hombres que iban con él, diciéndoles:

"¡Pero anímense! Ninguno de ustedes perderá la vida, aunque el barco se hundirá. Pues anoche un ángel del Dios a quien pertenezco y a quien sirvo estuvo a mi lado y dijo: «¡Pablo, no temas, porque ciertamente serás juzgado ante el César! Además, Dios, en su bondad, ha concedido protección a todos los que navegan contigo»".

Hechos 27:22-24 (NTV)

Y después en el versículo 25 dijo:

"Así que, ¡anímense! Pues yo le creo a Dios. Sucederá tal como él lo dijo...".

Así fue como finalmente, después de catorce días de tormenta y de muchas dificultades, un día amaneció y los marineros pudieron ver ¡una bahía! ¡Qué emoción! ¡Terminaron los problemas! ¿Verdad? Pues no del todo... Izaron las velas, chocaron con un banco de arena, la proa encalló, y por la fuerza de las olas la popa se hizo pedazos y el barco quedó destruido. Y ahora mira cómo sigue el relato:

"Los soldados querían matar a los presos para que ninguno se escapara nadando. Pero el capitán de los soldados, para salvarle la vida a Pablo, no se lo permitió. Les ordenó que todos los que supieran nadar, saltaran primero al agua para llegar a tierra, y que los demás salieran agarrados de tablas o de los pedazos del barco. Así fue como todos llegamos a tierra sanos y salvos".

Hechos 27:42-44

¡Amo esta historia! ¡Dios no nos dejará en altamar!

Cuando naufragamos, a todas nos cuesta pensar que será posible llegar al destino prometido por Dios. Sin embargo, hoy Dios quiere que sepas que aunque estés en medio de una tormenta terrible, y aunque hayas perdido lo que más seguridad te daba y sientas que te vas a hundir, aun así, aun con tus pedazos rotos, ¡Dios te va llevar a salvo a la orilla! Lo que tienes ahora en tu mano, ese pedazo de madera, Dios lo está ungiendo y te ayudará a llegar a la orilla. ¡No vas a morir, vas a vivir!

La tormenta que se describe en Hechos 27 puso a prueba la fe de Pablo, que debió ser capaz de resistir un largo tiempo de espera, manteniendo su confianza en Dios a pesar de perderlo todo, con la certeza de que si Dios tenía un plan para él, Él lo cumpliría superando toda oposición, y brindándole su misericordia a quienes lo rodeaban.

Tal vez tú estés atravesando una tormenta como esta. Algo que no es de corta duración, sino que llevas meses enfrentando. Una dificultad en la que sientes que te estás hundiendo y ya no sabes qué hacer (¡te entiendo, he pasado por ese tipo de tormentas!)

Pero no te preocupes, ¡Dios está en control! Recuerda que a veces es necesario que perdamos algo para que crezcamos en nuestra confianza en Dios.

> **A VECES ES NECESARIO QUE PERDAMOS ALGO PARA QUE CREZCAMOS EN NUESTRA CONFIANZA EN DIOS**

Hay barcos que parecen el todo en nuestra vida, ¡pero Dios necesita ser el todo! Cuando naufragamos, nos volvemos *100% Diosdependientes*. ¡Por eso crecemos en confianza!

Así que hoy en tu naufragio necesitas aferrarte a lo que Dios te ha dicho. Recuerda las palabras de Pablo:

"Así que, ¡anímense! Pues yo le creo a Dios. Sucederá tal como él lo dijo...".

Sin importar lo difíciles que parezcan las circuns-tancias que estés atravesando, necesitas confesar lo que Dios te ha dicho acerca de tu situación y de sus planes para tu vida. ¡Eso que Dios te ha dicho, léelo, óralo y decláralo! ¡Y confía en que el Señor te llevará sana y salva a la orilla!

EXAMINA TU CORAZÓN

- ¿Cuáles son los miedos que tienes por la prueba que actualmente estás enfrentando? Entrégaselos al Señor uno a uno en oración.

- ¿Cuáles son las promesas que el Señor te ha dado sobre tu destino (tu Roma)? Dale gracias por cada promesa que Él te ha dado, y decláralas confiando en su fidelidad y su poder para cumplirlas.

OREMOS JUNTAS

Señor, hoy queremos dejar de preocuparnos por el ruido y la oscuridad de la tormenta. Decidimos creer que lo que tú dices se cumple siempre. Te pedimos que uses estas circunstancias difíciles para fortalecer y hacer crecer nuestra fe en este tiempo. Declaramos que tú nos salvarás y nos restaurarás, y que pronto el sol brillará sobre nuestras vidas una vez más.

Padre, yo me aferro a ti en medio de este naufragio. Me aferro a la cruz, que es el madero que me lleva al destino que tú has prometido que conquistaré. Me aferro a tus promesas, que siempre se cumplen. Y te doy gracias porque tú me hablas, y a pesar de que el barco se rompe, prometes darme vida a mí y a quienes me rodean.

Amén.

DÍA 22:
TE PERDONO

Cierta vez, Pedro le hizo al Señor Jesús la siguiente pregunta:

"...—Señor, ¿cuántas veces debo perdonar a alguien que peca contra mí? ¿Siete veces?

—No siete veces —respondió Jesús—, sino setenta veces siete".

Mateo 18:21 (NTV)

> **EL PERDÓN DEBE SER NUESTRO ESTILO DE VIDA**

Yo creo que cuando Pedro dijo "¿Siete veces?" pensó que estaba siendo súper-mega-híper-generoso... ¡y la respuesta de Jesús debe haberlo sorprendido bastante! El Señor lo mandó a perdonar "setenta veces siete". Dicho en otras palabras, ¡el perdón debe ser nuestro estilo de vida!

Pero, seamos sinceras, perdonar no es fácil, y en general no nos gusta perdonar. Hace unas semanas lo hablamos un poco cuando tocamos el tema de la silla de la ofensa. Al estar heridas, nuestra tendencia natural será querer vengarnos o desquitarnos. Sin embargo, Dios nos llama a tener una vida de perdón. Es un principio que está en la Biblia, y por encima de lo que pensemos o sintamos o nos guste, debemos entender que para Dios es fundamental que perdonemos a otros. (¡Por eso deseo tocar de nuevo este tema!).

Jesús mismo nos enseñó a orar de esta manera:

"y perdónanos nuestros pecados, así como hemos perdonado a los que pecan contra nosotros".

Mateo 6:12 (NTV)

¡El perdón es un tema vital para todo hijo de Dios! La Biblia, de hecho, narra la historia del perdón más grande del mundo, ¡porque Jesús es el perdón de Dios hecho hombre! Jesús es el perdón que el Padre nos dio a nosotros, los pecadores. Dios nos perdonó por medio de Jesús:

"Gracias a que él derramó su sangre, tenemos el perdón de nuestros pecados. Así de abundante es su gracia".

Efesios 1:7

Además, en su inmenso amor, Dios no solamente nos perdona, sino que además decide no sacar a la luz nuestras faltas, no traerlas al presente:

"Yo les perdonaré sus maldades y nunca más me acordaré de sus pecados".

Hebreos 8:12

Finalmente, así como Él nos perdona, nos pide que como hijos suyos nosotros también perdonemos a los demás:

"Por el contrario, sean amables unos con otros, sean de buen corazón, y perdónense unos a otros, tal como Dios los ha perdonado a ustedes por medio de Cristo".

Efesios 4:32 (NTV)

Ahora que sabemos cuán importante es esto para Dios, quiero dedicarme a resolver algunas preguntas frecuentes acerca del perdón:

- **¿Por qué debemos perdonar?**

Porque es un mandato, no tenemos elección.

"Pero cuando oren, perdonen a los que les hayan hecho algo, para que el Padre que está en el cielo les perdone a ustedes sus pecados".

Marcos 11:25

No es necesario sentir ganas de perdonar. Perdonamos en obediencia.

- **¿A quién debemos perdonar?**

A cualquier persona que nos hizo daño. Papá, mamá, hermano, amiga, novio, profesora... Debemos perdonar a toda persona que nos hizo daño, que rompió un límite, que nos traicionó, nos maltrató, abusó de la confianza, nos ofendió, etc.

No importa si son cuestiones "chiquitas" o "grandes". No importa si fue hace años o si fue esta misma semana. ¡Necesitamos perdonar a todos!

- **¿El perdón implica siempre restauración de la relación?**

No. Y esto es muy importante que lo tengamos claro, así que lo voy a repetir: no.

Muchas veces, no perdonamos a alguien porque creemos que perdonar implica volver a restaurar una relación, pero esto no siempre es así. Aquí es muy importante entender algo: hay personas a las que debemos perdonar pero que Dios no nos pide que volvamos a ver o que volvamos a tener contacto con ellos. No en todos los casos es posible (ni conveniente) retomar la relación que teníamos antes de que nos hicieran daño. Debemos simplemente perdonar a estas personas "a la distancia", para sanar nuestro corazón.

Obviamente en casa, en nuestra familia, en nuestro círculo de convivencia, necesitamos buscar la paz y aprender a resolver las diferencias. Pero no todo proceso de perdón implicará amistad, cercanía, besos y abrazos...

- ¿Cuándo debemos perdonar?

Todas las veces que sea necesario. Debemos perdonar cuando estamos heridas porque alguien nos lastimó, y también debemos perdonarnos a nosotras mismas cuando por nuestras propias decisiones nos hicimos daño.

Debemos perdonar siempre, y lo más rápido posible, porque es una forma de cuidar nuestro corazón:

"Por sobre todas las cosas cuida tu corazón, porque de él mana la vida".

Proverbios 4:23 (NVI)

Así como cuidamos las heridas físicas para evitar que se infecten, debemos cuidar también las heridas del alma. Tener una vida de perdón mantiene nuestro corazón sano. ¡Por eso perdonar es tan importante!

EXAMINA TU CORAZÓN

- ¿En qué sentido crees que la falta de perdón puede afectar nuestro corazón? ¿Qué consecuencias puede tener en nuestra vida?

- ¿A quiénes necesitas perdonar hoy? (Recuerda que debes perdonar a todos los que te hayan hecho daño. Debes hacerlo aunque no lo sientas, por obediencia y para cuidar tu corazón). Haz una lista de personas y de por qué debes perdonar a cada una.

OREMOS JUNTAS

Señor, queremos ser obedientes y sabemos que tú dices que debemos perdonar a todos los que nos han hecho daño. Por eso, así como tú nos perdonas cada día, hoy queremos perdonar a otros. Decidimos perdonar en obediencia, aunque no sintamos ganas de hacerlo. Queremos cuidar también con esto nuestro corazón, porque queremos ser libres y sanas.

Señor, hoy decido llevar mi corazón delante de tu trono. ¡Ayúdame en esto, porque es difícil, Señor! Quiero perdonar y soltar a quienes me han hecho daño y entregártelos a ti. Sé que no es mi trabajo juzgar a nadie. Ese es tu trabajo, Señor. Yo solo deseo ser obediente a ti y perdonar. Por eso ahora perdono a _____ por _____ _____, y a _____ por _____ _____, y a _____ por _____ _____ (continúa así hasta que termines tu lista). Sana mi corazón, Señor, y ayúdame a cuidarlo cada día a partir de hoy. Ayúdame a llevar a la cruz mi rabia y mi dolor cada vez que sea necesario, y a perdonar pronto cuando surja la ocasión. Tú eres mi consolador y quien me restaura. ¡Gracias, Señor!

Amén.

DÍA 23:
¡ABRÁZAME!

Creo que una de las cosas que más aprendimos a valorar durante la pandemia de COVID-19 fueron los abrazos. ¿Te pasó a ti también? Antes del COVID-19 casi no pensábamos en esto, porque sencillamente, cuando nos saludábamos con nuestros amigos y familiares, nos abrazábamos y ya. Pero lamentablemente, como suele ocurrir, cuando dejas de tener algo lo empiezas a extrañar, y recién en ese momento te das cuenta del valor tan grande que tenía…

Muchas veces las palabras no pueden aliviar el ánimo abatido de una persona, pero un abrazo, aunque sea silencioso, siempre reconforta el alma. ¡Los abrazos son sanadores!

De hecho, se han realizado investigaciones estudiando imágenes sobre el funcionamiento del cerebro mientras las personas abrazan a otras, y se ha observado que hay cambios notorios en lo que ocurre fisiológicamente. Cuando abrazamos liberamos oxitocina, una hormona que disminuye los niveles de cortisol y adrenalina (las llamadas "hormonas del estrés") y esto nos hace sentirnos más relajadas y felices.

También se han demostrado muchos otros beneficios de los abrazos: mejoran el sistema inmunológico, ayudan a desarrollar confianza y a construir los vínculos con otras personas, y refuerzan nuestra identidad, seguridad y sentido de pertenencia. Además, el abrazo es un excelente medio de comunicación, pues puedes transmitir amor sin necesidad de palabras.

¿Se puede vivir sin abrazar? Bueno, sí... Pero nunca una vida sin abrazos será la misma que la que puedes disfrutar si haces de esta expresión algo habitual en tu cotidianidad.

A pesar de todo esto, hay algunas personas a las que les molesta o incomoda abrazar y que los abracen, y esto suele deberse principalmente a dos razones:

Por un lado, puede que vengan de una familia fría, en la que no hubo ese tipo de contacto y por lo general tampoco hubo palabras como "te amo" o "eres especial". Esa ausencia de abrazos durante su infancia hace que de grandes estas personas no sepan cómo darlos ni cómo recibirlos. Sienten que es algo que rompe sus límites, o que no es necesario, o que es algo demasiado "meloso". Estas personas a veces luchan al relacionarse íntimamente con los demás, porque es algo que no aprendieron... ¡Pero no te preocupes si es tu caso! ¡Se puede aprender!

Por otro lado, muchos otros odian los abrazos por malas experiencias que los marcaron, como el abuso sexual cuando eran niños (o a cualquier edad). Estos son casos más graves, porque hay un daño mayor y una herida en el corazón que necesita ser sanada. Sin embargo, la buena noticia es que Dios puede sanar todas estas "marcas" del pasado, ya sean por ausencia o por abuso (si alguno de estos es tu caso, te recomiendo hablarlo con algún líder o pastor que pueda guiarte en los pasos a seguir para que el Señor pueda sanarte).

En la Biblia hay varias historias de abrazos, ¿lo sabías?

Aquí, por ejemplo, hay un abrazo de perdón:

"Así que viajó de regreso a la casa de su padre. Cuando todavía estaba lejos, su padre lo vio y sintió compasión por él; salió corriendo a encontrarlo, lo abrazó y lo besó. El joven

le dijo: «Papá, he pecado contra el cielo y contra ti y ya no merezco que digan que soy tu hijo»".

Lucas 15:20-21

Recordemos que este hijo le había fallado a su padre. Había tomado malas decisiones, y había pecado. Seguramente se sentía culpable, indigno, sentía vergüenza, y por eso no pretendía más que ser un jornalero cuando regresara a la casa de su padre. Se sentía un perdedor, y esperaba ser rechazado. Sin embargo, vemos que el padre, incluso antes de hablarle, ¡lo abrazó! Y luego no solo lo perdonó, sino que le dio ropas dignas, un nuevo calzado, un anillo, ¡y hasta ofreció una celebración en su honor!

Otro ejemplo de abrazo que encontramos en la Biblia es el que yo llamo "abrazo de arrepentimiento y paz", y está en Génesis 33. Años atrás, Jacob había engañado a su padre Isaac. Con la ayuda de su madre Rebeca, lo había engañado para que le diera la bendición que le correspondía a su hermano Esaú. Esto fue tan doloroso para Esaú que quiso vengarse de su hermano y matarlo. Por esto Jacob tuvo que huir muy lejos. Años después, Jacob un día decide que es necesario regresar a casa, a su tierra. Pero sabe que su hermano lo odia. Entonces prepara regalos, y manda mensajeros para que le digan a Esaú: "Espero que me trates bien, soy tu siervo, quiero darte algo como muestra de mi arrepentimiento; sé que te hice daño y que lo hice estuvo mal...". Y ahora mira cómo sigue esta historia:

"A la distancia, Jacob vio a Esaú que llegaba con cuatrocientos hombres. Entonces repartió a sus hijos entre Lea, Raquel y las dos siervas. Al frente de todos puso a las dos siervas junto con sus hijos, luego a Lea y sus hijos, y finalmente a Raquel y su hijo José. Luego Jacob pasó al frente. Cuando estuvo cerca de su hermano, se inclinó siete

veces delante de él. Esaú, al verlo, corrió a su encuentro, lo abrazó afectuosamente y lo besó; y ambos se pusieron a llorar".

Génesis 33:1-4

¡Este es un tremendo ejemplo de la restauración que podemos lograr en la relación con nuestros hermanos! Abrazos de perdón, de arrepentimiento y de paz… Es realmente un gran desafío para poner en práctica, ¿no crees?

Ahora, por último, quiero compartirte lo que dice Deuteronomio 33:27 (NTV):

"El Dios eterno es tu refugio,
    y sus brazos eternos te sostienen…".

> **CUANDO NECESITAMOS UN ABRAZO EL SEÑOR ESTÁ ALLÍ, LISTO PARA ABRAZARNOS**

Este versículo es muy especial porque nos dice que cuando nosotras necesitamos un abrazo el Señor está allí, listo para abrazarnos. ¡Gracias, Dios!

El pastor Danilo Montero escribió cierta vez: "La gracia de Dios es un abrazo". ¡Me encanta esta descripción! Y si lo pensamos bien, la cruz es un abrazo abierto que siempre nos espera.

Así que recuerda: si estás pasando por alguna situación difícil en este tiempo, o si simplemente anhelas sentir cuán amada eres, corre al Señor. ¡Él quiere darte ese abrazo que estás necesitando!

EXAMINA TU CORAZÓN

- ¿Eres una persona que abraza y se deja abrazar? ¿Cuán frecuentemente lo haces?

- ¿Hay recuerdos del pasado que necesitas entregarle al Señor, porque te das cuenta de que han limitado tu capacidad de abrazar a otros o de disfrutar de un abrazo? ¿Cuáles? (¡Te animo a que lo hagas ahora mismo, y puedas recibir de Dios sanidad para tu corazón!).

- ¿Hay alguna persona en tu vida que podría estar necesitando un abrazo tuyo para recibir tu perdón o para restaurar una relación rota? ¿Quién, y por qué?

OREMOS JUNTAS

¡Señor, tú nos has sanado con tu amor tantas veces! Te damos gracias porque podemos ir a ti incluso en nuestro pecado, y recibir tu perdón y tu abrazo cada vez que lo necesitamos.

Padre, hoy te pido que me ayudes sanando mis vacíos y mis heridas. Te pido que si no recibí durante mi crianza expresiones saludables de amor, tú me restaures, y que si alguna vez me lastimaron, yo pueda ser sana de esos recuerdos hoy. Que pueda disfrutar de abrazar y ser abrazada, y que aun yo misma pueda perdonar y restaurar relaciones por medio de un abrazo. Úsame también para poder mostrar a otros tu amor, y para que mis brazos puedan ayudar, animar, levantar, fortalecer y consolar a quienes lo estén necesitando.

Amén.

DÍA 24:
¿DÓNDE BUSCAMOS EL AGUA?

Jeremías fue un profeta a quien Dios llamó para confrontar el pecado en la nación de Judá. Todos, desde los reyes hasta los sacerdotes, habían tocado fondo... y Jeremías una y otra vez les llamó la atención para que reaccionaran y volvieran a Dios. Uno de los mensajes más importantes que Dios le dijo que anunciara a todas las familias es el que hoy vamos a estudiar:

"Porque dos males ha cometido mi pueblo: me abandonaron a mí que soy fuente de agua viva, y han cavado para sí cisternas que no pueden ni siquiera retener agua".

Jeremías 2:13

Para mí fue muy revelador estudiar con atención este pasaje porque siempre que lo había leído y escuchado en predicaciones, la imagen que venía a mi mente era la de una jarra de barro quebrada, con grietas, que dejaba escapar el agua. Sin embargo, hace unos días Dios me hizo notar la frase: "han cavado para sí", ¡y esto le dio otra dimensión al texto bíblico! ¡Una cisterna no se parece en nada a una jarra de barro! Así que quiero compartirte aquí lo que descubrí al investigar un poco más sobre esto...

En Palestina la tierra era desértica. No llovía con frecuencia, y los habitantes debían aprovechar cuando llegaban las lluvias. Por eso cavaban cisternas, para almacenar el agua de lluvia y usarla más tarde, en momentos de necesidad.

Cuando Dios, por medio de Jeremías, le habló al pueblo sobre cavar cisternas, les estaba hablando de depósitos subterráneos que los israelitas solían cavar en sus casas o en zonas comunes con el objetivo de captar el agua de lluvia. Y aquí viene el paralelismo con nuestras vidas: en momentos desérticos, en momentos cuando sentimos erosión en nuestro interior, o sequía en algún área de nuestra vida, ahí es cuando somos más tentados a cavar cisternas… ¡y esto se debe a que nos alejamos de Dios como fuente de agua viva!

Cuando estamos atravesando un desierto lleno de pruebas, ya sea en lo emocional, en lo físico o en lo económico, o cuando tenemos problemas en casa o en el estudio, ¡tenemos sed! Sentimos agotamiento, cansancio, nos sentimos vulnerables, hay una sensación de vacío dentro nuestro… y si no vemos señales de lluvia, lo que haremos será cavar y cavar, pensando en que cuando algo aparezca, lo atesoraremos, pues nos ayudará a subsistir. El problema es que eso no sucede…

Cuando los habitantes de Judá iban a sacar agua y no encontraban nada, se daban cuenta de que los revestimientos de las cisternas no habían quedado bien y se habían agrietado, por lo que el agua se había filtrado y ahora solo tenían un pozo inservible y vacío.

Todas necesitamos sentirnos amadas, importantes y especiales, pero no siempre acudimos a Dios para suplir estas necesidades, sino que cavamos distintas cisternas buscando suplir este faltante emocional.

¿Es posible que hayas cavado cisternas en tu vida? ¿Qué fue lo que te motivó a hacerlo?

Lo que creo que el Señor quiere mostrarnos es que el ir tras cisternas siempre nos traerá problemas.

En Juan 4 se narra la historia del encuentro de Jesús con una mujer cuya alma estaba erosionada. Había cometido muchos errores en su vida, y en su interior, en su autoestima, en el concepto de sí misma y de su valor y dignidad, tenía muchas carencias. Veamos lo que sucedió:

"... Jesús, cansado del viaje, se sentó junto al pozo. Era cerca del mediodía.

Sus discípulos habían ido al pueblo a comprar comida. En eso, llegó una mujer de Samaria a sacar agua. Jesús le dijo:

—Dame un poco de agua.

Pero como los judíos no se llevaban bien con los samaritanos, la mujer le respondió:

— ¿Cómo se te ocurre pedirme agua, si tú eres judío y yo soy samaritana?

Jesús le contestó:

—Si supieras lo que Dios puede darte y quién es el que te está pidiendo agua, serías tú la que le pediría agua a él y él te daría agua que da vida.

La mujer le dijo:

—Señor, ni siquiera tienes con qué sacar el agua y el pozo es muy hondo. ¿Cómo me vas a dar agua que da vida? Nuestro antepasado Jacob nos dejó este pozo y de aquí bebía agua él, sus hijos y su ganado. ¿Acaso eres tú superior a Jacob?

Jesús respondió:

—*Cualquiera que beba de esta agua volverá a tener sed, pero el que beba del agua que yo le dé, no volverá a tener sed jamás, porque dentro de él esa agua se convertirá en un manantial del que brotará vida eterna".*

Juan 4:6-14

Este diálogo es hermoso porque a veces solo vemos a Dios como nuestro Padre y nuestro Señor, pero debemos recordar también que Él es la fuente de todo lo que necesitamos.

Cuando yo aún era soltera, después de buscar agua en muchos lugares secos, entendí que cuando yo estaba triste o me sentía sola, solo el Señor podía darme de su amor y mostrarme detalles que me hacían sentir segura en Él.

DEBEMOS EXAMINARNOS PARA SABER SI DIOS ES NUESTRA FUENTE O SI ESTAMOS BUSCANDO AGUA EN LUGARES EQUIVOCADOS

Debemos estar siempre atentas a esto y examinarnos periódicamente para saber si Dios es nuestra fuente o si estamos cavando cisternas, buscando agua en lugares equivocados.

Salmos 139:23-24 dice:

"Examíname, Dios, y conoce mi corazón; pruébame y conoce mis pensamientos. Señálame lo que en mí te ofende, y guíame por la senda de la vida eterna".

También en Filipenses 4:19 leemos:

"Por eso, mi Dios les dará todo lo que necesiten, conforme a las gloriosas riquezas que tiene en Cristo Jesús".

¡Necesitamos ir al Señor con nuestros vacíos, y con los deseos más profundos de nuestro corazón, creyendo que Él responde y nos llena!

EXAMINA TU CORAZÓN

- Cuando te sientes triste, desanimada o sola, ¿a quién acudes?

- ¿Hay alguna cisterna rota que hayas cavado, de la que debas arrepentirte hoy? ¿Cuál?

- ¿Tienes una relación con Dios tal que te permite abrir tu corazón a Él, expresarle cómo te sientes y confiar en Él para suplir tus necesidades emocionales más profundas?

OREMOS JUNTAS

¡Señor, te damos gracias porque tú eres la fuente de agua viva! Gracias porque sabemos que puedes suplir todas nuestras necesidades, y porque si bebemos de ti no tendremos sed jamás.

Padre, perdóname si a veces he sido distante contigo, o si no te he abierto mi corazón completamente. Sé que esto me ha llevado a buscar en las fuentes equivocadas, intentando sentirme amada, segura, especial. Reconozco que todo esto ha traído sequedad a mi corazón, y que solo he cavado cisternas rotas. Hoy quiero entregarte mis necesidades y mis anhelos. Te reconozco como la única fuente a la que puedo ir y encontrar plenitud. ¡Lléname hoy Señor con tu amor inagotable, tu Palabra y tu Espíritu Santo!

Amén.

DÍA 25:
TRABAJO EN EQUIPO

Hemos nacido en una sociedad y en una época en las que desde muy pequeñas se nos impulsa a ganar, a pelear por ocupar los primeros lugares y a buscar ser reconocidas y premiadas. Además de esto, es posible que tú vengas de un hogar en el que tus padres querían lo mejor para ti, pero su manera de intentar lograrlo era exigiéndote resultados ejerciendo cierto grado de presión.

Ahora bien, querer ser excelentes en lo que hacemos no es algo malo en sí mismo. De hecho, la excelencia puede servir para reflejar la fe que tenemos. Sin embargo, creo que a veces hay un desequilibrio cuando nos enfocamos más en el resultado que en el proceso, y cuando actuamos como si lo único importante fuera ser "el número 1", desconociendo lo valioso que es todo el proceso de aprendizaje (incluso cuando nos toque perder).

Creo también que, como cristianas, deberíamos aprender a valorar el esfuerzo y no solo los resultados, y sobre todo aprender a trabajar en equipo. Ser buenas compañeras de equipo es un desafío para nuestro crecimiento espiritual y nuestro carácter, porque implica que no nos llevaremos nosotras solas todo el reconocimiento, sino que pondremos todo nuestro esfuerzo en trabajar junto a otras personas a fin de lograr un objetivo común.

Nunca me había detenido a estudiar la historia que aparece en 1 Samuel 13 y 14, ¡pero es tan interesante! Allí vemos cómo Israel en tiempos de Saúl tuvo que enfrentar muchas veces a los filisteos. No fue una sola batalla, ni un solo año de combate. Muchas décadas pasaron, durante las cuales estos enemigos no cedían y los atacaban constantemente. Por otro lado, Dios les había dado la instrucción de no rendirse y de pelear todo lo que fuera necesario hasta tomar posesión de la tierra. Muchas veces los israelitas les ganaron a los filisteos, pero también muchas otras perdieron por desobediencia y por el pecado del pueblo. Cuando eso ocurría, Dios les quitaba su respaldo. Y así llegamos a 1 Samuel capítulo 13, donde la Biblia nos cuenta que después de una gran derrota, el rey Saúl solo tenía seiscientos hombres y había un problema adicional: ¡no tenían herreros en el pueblo en ese momento!

"En aquellos días no había herreros en todo Israel, porque los filisteos no se lo permitían por temor de que los hebreos se hicieran espadas y lanzas. Cuando los israelitas necesitaban afilar los arados, los discos, las hachas o las hoces, tenían que llevarlas a un herrero filisteo. Esto era lo que se cobraba: por afilar la punta de un arado, ocho gramos de plata; por los azadones, ocho gramos de plata; por las hachas o las hoces, cuatro gramos de plata; y por componer las aguijadas, cuatro gramos de plata. En todo el ejército de Israel no había una sola espada ni una lanza, salvo las de Saúl y Jonatán".

1 Samuel 13:19-22

En ese contexto, cierto día Jonatán decidió ir hasta donde estaba el grupo de avanzada de los filisteos solo con su escudero, de quien no sabemos nada. No quedó registrado su nombre, ni de dónde era, ni su edad, ni nada. Solo se nos dice:

"Cierto día, Jonatán le dijo a su escudero: «Ven, vamos a donde está la avanzada de los filisteos… »".

1 Samuel 14:1 (NTV)

Jonatán no le dijo a su padre lo que pensaba hacer, y nadie se dio cuenta de que Jonatán había dejado el campamento israelita. Unos versículos más adelante vemos cómo era el camino que debía recorrer:

"Para llegar al puesto de avanzada de los filisteos, Jonatán tuvo que descender de entre dos peñascos llamados Boses y Sene".

1 Samuel 14:4 (NTV)

De manera que el escudero tenía que acompañar a Jonatán, descender junto a él los dos peñascos, y luego enfrentar juntos a los filisteos... y para eso solo tenía una palabra de fe algo incierta:

"—Crucemos hasta la avanzada de esos paganos—le dijo Jonatán a su escudero—. Tal vez el Señor nos ayude, porque nada puede detener al Señor. ¡Él puede ganar la batalla ya sea que tenga muchos guerreros o solo unos cuantos!".

1 Samuel 14:6 (NTV)

¿Qué hubieras respondido tú si fueras el escudero? Tómate un momento para pensarlo bien antes de continuar la lectura...

¿Sabes lo que contestó el escudero de Jonatán? Mira el texto bíblico:

"—Haz lo que mejor te parezca —respondió el escudero—. Estoy contigo, decidas lo que decidas".

1 Samuel 14:7 (NTV)

¡Vaya! ¡Realmente me impresiona la respuesta de este escudero! Él le dijo a Jonatán dos cosas:

- **Haz lo que mejor te parezca.**

- **Estoy contigo, decidas lo que decidas.**

¡¡Wow!!

Al leer esta historia no puedo evitar pensar en qué difícil debe ser para un líder recibir de parte de Dios la misión de conquistar la tierra para su reino y tener que combatir con enemigos tan fuertes, cuando al momento de ir a la misión no sabe bien con quién cuenta. ¡Pero Jonatán era muy afortunado! ¡Tenía un escudero que confiaba en cualquier decisión que él tomara como líder, y que prometió estar con él sin importar lo que sucediera!

Hoy en día, muchas veces los líderes nos sentimos solos porque nadie está a la altura del desafío... Tenemos personas que gritan "¡Aquí estoy!", pero cuando se les dice que hay que atravesar dos peñascos, y que el enemigo es fuerte y tiene más espadas que nosotros, entonces empiezan con cosas como: "¿Cuánto me pagarás?", o "Realmente no me contrataste para eso", o "Mmm... justo ese día estoy ocupado".

¡Sin embargo Jonatán sabía que realmente podía contar con este escudero tan valiente y fiel! Y así siguieron avanzando; Jonatán pidiendo la guía del Señor y su escudero acompañándolo y peleando junto a él:

"—Muy bien—le dijo Jonatán—. Cruzaremos y dejaremos que nos vean. Si nos dicen: 'Quédense donde están o los mataremos', entonces nos detendremos y no subiremos hacia ellos. Pero si nos dicen: 'Suban y peleen', entonces subiremos. Esa será la señal del Señor de que nos ayudará a derrotarlos.

Cuando los filisteos vieron que se acercaban, gritaron: «¡Miren, los hebreos salen de sus escondites!». Entonces los hombres de la avanzada le gritaron a Jonatán: «¡Suban aquí y les daremos una lección!».

«Vamos, sube detrás de mí—le dijo Jonatán a su escudero—, ¡porque el Señor nos ayudará a derrotarlos!».

Así que escalaron usando pies y manos. Entonces los filisteos caían ante Jonatán, y su escudero mataba a los que venían por detrás".

1 Samuel 14:8-13 (NTV)

Luego puedes seguir leyendo el resto de la historia en tu Biblia, pero te adelanto una cosa: ¡esta victoria fue el principio de un gran triunfo del ejército de Israel contra los filisteos!

¿Qué podemos aprender y aplicar a nuestras vidas hoy en día? Bueno, por empezar, que extender el reino de Dios es un trabajo difícil, y que por más líderes que seamos, es vital tener un equipo junto a nosotras en el que cada uno entienda que su rol es igual de clave que el del líder.

Por otra parte, cuando nos toque ser "escuderas", debemos aprender a:

- estar dispuestas (¡siempre listas!)

- obedecer sin "peros" y sin excusas

- honrar al líder y respetar su autoridad

- esforzarnos en todo momento

Vuelve a leer la lista anterior y reflexiona con sinceridad... ¿Crees que podrías aplicar al cargo de escudero de Jonatán?

Recuerda que a veces Dios no nos confía un liderazgo hasta que pasemos la prueba de ser buenas compañeras de equipo bajo el mando de otro líder.

El resultado en la historia de Jonatán y su escudero fue que vencieron como equipo. Pero, al menos por lo que sabemos, el escudero no recibió medallas ni reconocimiento público. Sin embargo, ¡Dios seguro vio su trabajo y debe haber estado orgulloso de él! Esto también tiene una enseñanza para nosotras hoy en día:

"Trabajen de buena gana en todo lo que hagan, como si fuera para el Señor y no para la gente. Recuerden que el Señor los recompensará con una herencia y que el Amo a quien sirven es Cristo...".

Colosenses 3:23-24 (NTV)

> **NO DEBE IMPORTARNOS SI SOMOS EL LÍDER O EL ESCUDERO**

Si trabajamos con excelencia para Dios dentro del equipo en el que Él nos ha puesto, no debe importarnos si somos el líder o el escudero. ¡Sabemos que Dios nos ve y que Él nos recompensará!

EXAMINA TU CORAZÓN

- ¿Cómo es en general tu actitud hacia el trabajo en equipo? ¿Peleas por ser quien manda o quien siempre gana?

- En tu lugar de estudio o de trabajo, ¿tienes fama de trabajar bien en equipo, o te identifican como una persona más bien individualista?

- ¿Cómo es tu actitud cuando te toca trabajar de "escudera" bajo las órdenes de otro líder? ¿Eres dispuesta, obediente y esforzada? ¿Buscas el reconocimiento de otras personas, o te concentras en trabajar para el Señor, sabiendo que de Él viene la recompensa?

OREMOS JUNTAS

Señor, ayúdanos a no buscar el reconocimiento de otros, ni queramos siempre tener el primer lugar. Que aprendamos a valorar lo que significa ser parte de un equipo, y nos esforcemos por dar lo mejor para que otro siervo tuyo pueda lograr la victoria en su llamado.

Padre, ayúdame a entender que todo esto forma mi carácter y me enseña a servir a otros con la mirada puesta en ti, sabiendo que tú ves todo lo que hago y que de ti viene la recompensa. ¡Dame un corazón dispuesto, esforzado y valiente para trabajar con excelencia dentro del equipo en el que tú me has puesto!

Amén.

DÍA 26:
¡ES TIEMPO DE CRECER!

A todas nos hicieron alguna vez la famosa pregunta: "¿Qué quieres ser cuando seas grande?". Ahora quiero que pienses con qué soñabas tú...

Yo quería ser muchas cosas: profesora, periodista, doctora... Recuerdo también que pensaba que ser grande era poder maquillarse y pintarse las uñas, ¡ja! Y por supuesto, tener una licencia de conducir y ser mamá.

Cuando somos pequeñas hay muchas ideas en nuestra mente acerca de lo que significa crecer. Pero, ¿qué nos dice Dios sobre este tema?

En 1 Corintios 13:11 (TLA) dice:

"Alguna vez fui niño. Y mi modo de hablar, mi modo de entender las cosas, y mi manera de pensar eran los de un niño. Pero ahora soy una persona adulta, y todo eso lo he dejado atrás".

Como vemos, para Dios la idea de crecer va más allá de si trabajamos, si podemos conducir un automóvil o si podemos votar por el presidente. Crecer tiene que ver con la manera en que hablamos, en cómo entendemos las cosas y en cómo pensamos. El crecimiento no solo es normal y necesario, sino que es bueno, ¡porque es parte del plan de Dios para nuestras vidas!

Cuando alguien no crece es porque tiene una enfermedad o un desorden. Un papá espera que su hijo crezca, y lo mismo hace Dios. De hecho, cuando pasan los años y en nuestra vida cristiana no hay cambios, porque todavía hablamos, pensamos y actuamos como niñas, ¡eso no es normal, y también es un problema!

Hay un personaje en la Biblia que tuvo que crecer, no solo en edad, sino en carácter, para poder cumplir el plan que Dios tenía para su vida. Me refiero a José, y me gustaría que pudieras leer en tu Biblia su historia, comenzando en Génesis 37.

Cuando era aún muy joven, José se creía grande y maduro por sus sueños tan especiales, por la túnica de colores que le había dado su padre, por su rol en la casa, porque era hábil en un oficio... pero crecer era mucho más que eso, ¡y Dios lo sabía! José tenía que dejar de ser un niño y ganar madurez. De hecho, vivió muchas circunstancias desde su adolescencia hasta el momento en el que fue nombrado gobernador en Egipto, y en cada una de esas etapas fue creciendo y madurando.

Por eso la Biblia dice en Eclesiastés 3:1:

"Para todo hay un tiempo oportuno. Hay tiempo para todo lo que se hace bajo el sol".

Para repasar brevemente su historia:

José fue vendido por sus hermanos y en ese momento perdió todos sus tesoros: su túnica, su casa, su zona de confort y su status en la familia.

Pasó de ser pastor a esclavo y a estar bajo autoridad. En lo nuevo que vivía (que no era fácil), Dios estaba con Él y le ayudaba. Ante cada nuevo desafío, José aprendió y creció, y por eso fue ascendido.

Sin embargo, fue acusado injustamente, perdió el título de administrador y lo encarcelaron como a un criminal. ¡Pero en todo esto él encontró una oportunidad de crecimiento!

Aquí quiero hacer un alto en la historia para reflexionar sobre lo siguiente: hay títulos que Dios nos quita para ver si ya crecimos. Para ver si por fin entendemos que nuestro valor no radica en nuestros títulos o en nuestra posición, así como el valor de José no estaba en su don, ni en su túnica, ni en el lugar de autoridad que le habían dado en la casa de Potifar. Esto me hace pensar en que tal vez haya pruebas por las que estamos pasando hoy y que no vemos como oportunidades de crecimiento. ¡Pero en eso consiste crecer!

CRECER CONSISTE EN APROVECHAR CADA CIRCUNSTANCIA PARA MADURAR

No en cumplir años y apagar una vela en la torta. Consiste en aprovechar cada circunstancia para madurar, y en saber que Dios está conmigo aun si mis amigos me dejan, aun si me enfermo, aun si mis padres se divorcian, aun si un ser querido muere, aun si sufro una injusticia...

En Génesis 41, José finalmente llega al palacio y es nombrado como el segundo en autoridad en Egipto después del faraón. Y ya siendo un hombre de casi 40 años... en ese lugar de poder... él sigue siendo formado (¡nunca dejamos de crecer!) Allí José es confrontado con su pasado. Debe decidir si perdona o no a sus hermanos. Si quiere madurar, no puede seguir siendo la víctima. Ahora debe ser él quien perdone. No le resultó fácil pero lo hizo, y fue la prueba de que realmente había crecido a lo largo de todos esos años. Porque, y esto es importante, madurez y perdón van siempre de la mano.

Ahora, al pensar en tu propia vida, tal vez te estés preguntando: ¿cómo puedo saber si crecí? Bueno, crecer y madurar implica:

- Que perdonas a quienes te hicieron daño y te sacudes las excusas del pasado.

- Que mueres a tus logros y a tus túnicas de ayer, entregas tus trofeos y te ocupas de lo que tienes delante. Tal vez fuiste la mejor del colegio, pero eso no te sirve en la universidad. ¡Debes volver a esforzarte!

- Que cumples lo que prometes. Que tu sí es sí, y tu no es no. Que todo el mundo sabe que tu palabra vale.

- Que eres puntual y cumples con tus responsabilidades.

- Que terminas lo que empiezas.

- Que asumes lo que decides, con las consecuencias que traiga.

- Que actúas, que haces (no solo deseas o crees... ¡haces!)

- Que no andas en piloto automático, sino que piensas antes de decidir y hablar.

- Que eres responsable y esforzada en tus estudios.

- Que trabajas, e incluso si puedes, ahorras y ayudas en tu casa.

- Que tienes dominio propio con la comida, con el dinero y con tu manera de hablar.

- Que das la cara cuando la embarras, y dices: "Perdón, fallé". No te evades, no te escondes, no aplazas, no culpas a otros.

- Que sabes escoger bien a tus amigos y escuderos. No le abres tu corazón a cualquiera, y eliges con sabiduría en qué compañías andar.

Habría muchas cosas más que podrían incluirse en esta lista, pero estos son algunos ejemplos que te servirán, por lo menos, como indicadores de tu crecimiento, y sobre los cuales vale la pena reflexionar.

Sé que ya no eres una niña. Pero lo que quiero decirte hoy es que crecer va más allá de la independencia que ya estás logrando por tu edad. Se trata de cambios en tu interior.

Y, ¿hasta cuándo crecer? Hasta llegar a ser como Jesús...

"De esta manera, todos llegaremos a estar unidos en la fe y en el conocimiento del Hijo de Dios, hasta que lleguemos a ser una humanidad en plena madurez, tal como es Cristo".

Efesios 4:13

EXAMINA TU CORAZÓN

- Vuelve a leer la lista de indicadores de crecimiento. ¿En qué áreas de tu vida necesitas crecer? ¿Por qué?

- Piensa ahora en la vida de José y en tu propia vida. ¿A qué nuevo nivel piensas que puede querer llevarte Dios? ¿Qué es lo que debes aprender y madurar en el nivel en que te encuentras ahora para estar preparada para ese nuevo nivel?

OREMOS JUNTAS

¡Señor, ayúdanos a madurar! Renueva nuestra manera de pensar, para que comprendamos que crecer es mucho más que ir cumpliendo años. Perdónanos si nos hemos aferrado a cosas que nos dan seguridad pero nos mantienen en el mismo nivel de madurez, y nos hemos resistido a ser moldeadas por ti para alcanzar un nuevo nivel.

Padre, yo quiero crecer tomada de tu mano. Ayúdame a ver que si estoy en una prueba, allí hay una oportunidad de crecimiento. Usa cada circunstancia para ayudarme a madurar, y enséñame a pensar, hablar y decidir con tu guía.

Amén.

DÍA 27:
"EL GOZO DEL SEÑOR ES MI FORTALEZA"

Habacuc era un hombre de profunda fe que vivió en Judá durante un período crítico. Judá tenía problemas internos, y tenía además la amenaza de la invasión de Babilonia. Había opresión hacia los pobres, abusos de poder y su sistema legal no era justo.

Al inicio del libro de Habacuc vemos que él pelea un poco con Dios porque no entendía "las maneras de Dios". Le parecía que era un poco injusto a veces, lo veía indiferente, y por eso clamó (o más bien le reclamó) porque quería ver que Dios actuara. Quería ver que algo sucediera en su nación.

Dios le respondió, y aunque su respuesta no resultó del todo comprensible para Habacuc, al final él se postró y terminó con una hermosa confesión de fe, por encima de lo que sentía y de lo que estaba viendo. Él logró entender que la manera de actuar de Dios era diferente a la que él esperaba, pero que esto no significaba que Dios no estuviera actuando.

Habacuc pasó de estar ansioso y sometido por las circunstancias a estar por encima de todo eso. Pasó de la queja a la confianza, de la duda a la fe, de mirar a los hombres a mirar a Dios, ¡de estar en el valle a estar en la cima!

¿Cómo lo hizo?

Decidió poner su confianza y su esperanza en Dios, y el Señor se convirtió en la fuente de su fuerza y alegría. Habacuc sabía que Dios los había ayudado en el pasado, y que lo haría ahora también. Así que comenzó a caminar sobre las alturas, sobre un propósito mayor.

Habacuc puso sus ojos en quien está por encima de todo. Él no ocultó los problemas que le preocupaban, ni los subestimó, pero descubrió que los hijos de Dios debemos vivir por fe y no por vista. Por eso, a este profeta desconocido por muchos, y en solo tres capítulos, Dios le reveló el núcleo de la verdad de nuestra salvación:

"Aquel cuya alma no es recta se enorgullece;
mas el justo por su fe vivirá".

Habacuc 2:4 (RVR1995)

¡Y este concepto es tan importante que es citado varias veces a lo largo de la Biblia!

"Pues en el evangelio, la justicia de Dios se revela por fe y para fe, como está escrito: «Mas el justo por la fe vivirá»."

Romanos 1:17 (RVR1995)

"Y que por la Ley nadie se justifica ante Dios es evidente, porque «el justo por la fe vivirá»."

Gálatas 3:11 (RVR1995)

¡El justo por la fe vivirá! ¿Cómo estás viviendo tú?

Otro detalle importante es que Habacuc fue sincero con Dios. Él abrió su corazón al Padre y le entregó todo lo que le preocupaba. Soltó sus dudas, preguntas, angustias y dolor.

A veces nosotras no le expresamos nuestro dolor a Dios, y vamos en oración a Él pero con una falsa religiosidad, sin decirle la verdad sobre lo que sentimos. Por eso hoy quiero recordarte que ¡el Señor sabe lo que hay en tu corazón!

A veces me pregunto por qué podemos ser taaan abiertas y sinceras con nuestras amigas y tan cerradas y reservadas con Dios... ¿Acaso creemos que es pecado expresar lo que sentimos delante de Dios? ¿Creemos que Él no es alguien con quien nos podamos desahogar? ¿Cómo es el Dios al que nos acercamos? ¿Cómo ves tú a Dios?

No es sano que ores aparentando, sin soltar tus cargas delante de Él. ¡Anímate a sincerarte con el Señor! Él es un Padre bueno, amoroso y comprensivo. ¡Sus oídos están atentos a ti y a Él le interesa todo lo que te pasa!

Finalmente, otra cosa importantísima que nos enseña el libro de Habacuc es que debemos aprender a confiar en los actos soberanos de Dios y a esperar con una actitud de adoración y confianza. ¡Habacuc entendió que Dios sí estaba actuando! Lo que sucede es que a veces Él está detrás de bambalinas haciendo cosas... O utiliza circunstancias que a nosotros nos parecen adversas para cumplir sus planes y propósitos.

En este caso, el pueblo no había querido cumplir el pacto con Dios, y entonces Dios uso a Babilonia como su justicia para enseñarles una lección. Pero eso no significaba que su pueblo iba a ser destruido y que Babilonia iba a ganar. ¡Dios sabía lo malos que eran los babilonios, y el los castigaría a su debido momento! Pero con todo esto Él quería darles una lección, tanto a Judá como al profeta. ¡Dios sí estaba obrando, y ellos tenían que confiar en su soberanía!

Dios no es ciego. Él sabe lo que los otros nos hacen. Sin embargo, Él muchas veces trata primero con nosotras antes de hacernos justicia. Primero trabaja en nuestra fe, en nuestra confianza, en nuestra tendencia a querer controlar todo... y luego se encarga de los otros. Por eso, debemos entregarle al Señor nuestros derechos para que Él nos haga justicia, y debemos confiar en Él, pero también debemos reconocer cuál es nuestra parte en la crisis. Es decir, en vez de presionar

> **DIOS MUCHAS VECES TRATA PRIMERO CON NOSOTRAS ANTES DE HACERNOS JUSTICIA... Y LUEGO SE ENCARGA DE LOS OTROS**

a Dios para que castigue al otro, debemos ver primero la paja en nuestro propio ojo, y preguntarnos: ¿qué es lo que debo aprender en esta situación? ¿Qué debo cambiar? ¿Qué debo reconocer?

Si sigues leyendo el libro de Habacuc verás que llega un momento donde Habacuc alaba al Señor, declarando que Él es poderoso. ¡Su idea de Dios había cambiado! ¡Qué increíble es cuando ponemos las cosas en perspectiva! Habacuc pasó de decir "¿Por qué no haces nada?" a decir "¡Tus hechos son asombrosos!". ¡Finalmente vio a Dios como Él es! De hecho, Habacuc llegó a confiar tanto en la soberanía de Dios, que dijo: "Y si no pasara nada, si esto no cambiara... aun así, con todo me alegraré en Dios. ¡Él es mi fuerza! ¡Mi gozo depende de Él, no de los demás, ni de mis emociones, ni de las circunstancias!". Te copio una parte del texto aquí abajo. ¡Mira qué hermoso!:

"Aunque las higueras no florezcan y no haya uvas en las vides, aunque se pierda la cosecha de oliva y los campos queden vacíos y no den fruto, aunque los rebaños mueran en los campos y los establos estén vacíos, ¡aun así me alegraré en el Señor! ¡Me gozaré en el Dios de mi salvación! ¡El Señor Soberano es mi fuerza! Él me da pie firme como al venado, capaz de pisar sobre las alturas".

Habacuc 3:17-19 (NTV)

EXAMINA TU CORAZÓN

- ¿Qué ideas o qué preconceptos acerca de Dios reconoces que debes dejar atrás porque te han impedido ser sincera con Él y abrirle tu corazón?

- ¿Qué preocupaciones, qué dudas, qué dolor necesitas poner delante del Señor hoy en oración, para buscar así su paz y su gozo?

- ¿Puedes recordar alguna situación del pasado en la que Dios haya sido fiel? ¿De qué manera puede ayudarte esto a enfrentar con confianza las pruebas que actualmente estás atravesando?

OREMOS JUNTAS

¡Señor, tú eres nuestra fuerza y queremos gozarnos en ti! Hoy comprendemos que más allá de las circunstancias, lo importante es tenerte a ti como el centro de nuestra vida y de nuestro corazón. Renunciamos a las ideas falsas de que tú no oyes y de que no actúas. Creemos que, a pesar de lo que nuestros ojos puedan percibir, tú siempre estás obrando a nuestro favor.

Señor, a partir de hoy prometo acercarme a ti con confianza, sabiendo que eres un Padre bueno a quien puedo abrirle mi corazón. Sé que me amas y te interesa todo lo que me pasa. Sé que puedo hallar en tu presencia el gozo que has prometido para mí. Y sé que aunque en este momento no vea nada claro, tú tienes preparado para mí un futuro lleno de esperanza. ¡Gracias, Señor!

Amén.

DÍA 28:
COMPLETA

Sé que no es una linda forma de empezar el día, pero tengo una mala noticia para darte (igual sigue leyendo, no te preocupes, ¡vienen buenas noticias después!). La mala noticia es que todas nosotras tenemos un enemigo. Vemos en Juan 10:10 que Jesús dijo:

"El ladrón sólo viene a robar, matar y destruir. Yo he venido para que tengan vida, y para que la tengan en abundancia".

Así es. El diablo es nuestro enemigo, y él quiere robar, matar y destruir.

El diablo quiere robarnos la fe, el tiempo, la visión, un corazón puro, la santidad sexual, la posibilidad de establecer con otros relaciones importantes y significativas, la paz y la seguridad.

Él quiere matar sueños, cualidades, dones y propósito.

Y quiere destruir nuestra identidad, nuestra autoestima, nuestro valor, nuestra familia y nuestra relación con Dios.

Este es un asunto muy importante de comprender, porque no podemos confundir los personajes de la historia. Muchas veces el no tener en claro quién es el enemigo nos hace estar culpando a las circunstancias, a "la mala suerte", a Dios, a otras personas… y entonces nos defendemos de la manera incorrecta.

El enemigo, el malo, el ladrón, es el diablo. ¡Nunca lo olvides!

También es importante que sepamos que el enemigo nos ataca usando muchas cosas: experiencias de nuestro pasado, nuestros errores y malas decisiones, los falsos modelos del mundo que parecen exitosos y felices, y también nuestras debilidades. Él presiona nuestra carne para que actuemos desde el egoísmo, porque sabe que una mujer de Dios es todo lo contrario, es alguien que da y que sirve a otros.

Otra cosa que el diablo usa para desviarnos de los propósitos de Dios es nuestra propia impaciencia. Tú ahora te encuentras en una etapa importante de tu vida: el ser soltera. ¡Y hoy quiero animarte a que te veas feliz y completa en esta etapa! ¡Disfrútala! ¡No anheles estar en otra! Ya habrá tiempo para pasar a la etapa que sigue, pero antes necesitas crecer, madurar y entender de la mano de Dios, quién eres y hacia dónde vas… Si no trabajas en eso primero, entonces te vas a enamorar de cualquier hombre pensando que es tu salvación, cuando que no es así. ¡No caigas en la trampa de distraerte por un hombre cuando aún no sabes dónde estás parada en este planeta, ni en el propósito que el Señor tiene contigo!

Un versículo que siempre me ayuda a recordar esto es el siguiente:

"Para todo hay un tiempo oportuno. Hay tiempo para todo lo que se hace bajo el sol".

Eclesiastés 3:1

Ahora estás en un tiempo en el que debes disfrutar de ser hija, conocer amigos, descubrir que dones tienes y comenzar a servir al Señor con ellos, definir qué quieres estudiar en la universidad, o dónde quisieras trabajar, y muchas cosas más. ¡El tiempo de estar soltera es una bendición y debes aprovecharlo bien! No es una mala etapa. No es una sala de espera donde solo estás esperando congelada en el tiempo hasta que llegue tu "príncipe azul" a rescatarte... ¡No es malo estar soltera! (Repite conmigo: no es malo estar soltera. No es malo estar soltera. No es malo estar soltera...).

A veces el mundo en el que vivimos, y el mismo diablo, nos hacen creer mentiras sobre la soltería. Cosas como: "Estoy sola porque algo me falta", o "Realmente no le gusto a nadie", o "Lo mejor de mi vida vendrá cuando me case", o "Varias de mis amigas ya tienen novios y yo no... debe ser porque hay algo malo en mí". ¡Es importante que identifiques estas mentiras y ores anulando eso que has creído!

¡La soltería es un tiempo de crecer y disfrutar! Es un tiempo, también, de aprender a ser responsables en nuestra independencia. Es un tiempo de estudiar, trabajar, ahorrar, e incluso darnos ciertos gustos que después no podremos darnos porque las prioridades cambiarán. También es un tiempo de ayudar en todo lo que podamos en casa... y de cerrar bien nuestro ciclo como hijas.

Una no se casa para huir de los papás, ni para quitárselos de encima. Al contrario, qué bueno es cuando logramos honrarlos y podemos irnos bien, con su bendición.

Este también es un tiempo para encontrar y desarrollar intereses y hobbies. Y para aprender a manejar el dinero: dar, ahorrar, invertir...

Y algo muy importante: es un tiempo de prepararnos en lo emocional, para entrar bien en la etapa que sigue. Cerrar ciclos de novios y enamoramientos pasados... Aprender de los propios errores... (¿qué hice bien? ¿Qué hice mal? ¿Qué permití que no debí haber permitido? ¿Qué no hice que debería haber hecho? ...) Y corregir patrones errados en cuanto a la forma de relacionarnos con otros, prestando atención también a las ideas y los "modelos de mujer" que aprendimos de nuestra familia, los cuales debemos llevar a

Dios y trabajar sobre ellos para corregirlos si es necesario.

Ahora quiero compartir contigo otro concepto que me ayudó mucho cuando yo era soltera, y fue este:

Uno de los significados de salvación es "estar completos".

Cuando me enteré de esto me trajo mucha alegría y paz. ¡Wow, estoy completa!

> **DEJA DE ANDAR POR LA VIDA COMO SI TUVIERAS UN PROBLEMA POR SER SOLTERA, O COMO SI FUERAS UN OBJETO AL QUE LE FALTA UNA PIEZA, PORQUE NO ES ASÍ**

¡Tú no estás a la mitad, estás completa en Cristo! El hombre que Dios ponga en tu vida será algo extra. Por supuesto, tu esposo será importante y de mucha bendición, ¡pero deja de andar por la vida como si tuvieras un problema por ser soltera, o como si fueras un objeto al que le falta una pieza, porque no es así!

Además, míralo desde otra perspectiva: ¡no podemos ser ingratas con Dios! ¡La soltería también es parte de su voluntad para esta etapa de tu vida, y su voluntad siempre es buena!

Así que da gracias por esta etapa. Aprovéchala. Úsala para prepararte. Desarrolla tu relación con el Señor e intenta descubrir qué es lo que Él tiene preparado para ti.

Cuando yo entendí todo esto, pasé de ver mi soltería como una pesadilla a disfrutarla y vivirla feliz, porque hubo un *click* en mi corazón en el momento en que dije: "Dios, tú eres todo para mí. No voy a vivir desdichada y sintiéndome como si algo estuviera mal en mí porque no tengo novio. Decido esperar en ti, porque sé que tus tiempos son perfectos". Y así fue. Dios llenó mi corazón y yo renové mi manera de ver mi soltería. ¡Y mi manera de verme a mí misma, y de enfrentar la vida, dio un giro completo!

Levántate cada mañana con la expectativa de ver qué es lo que Él quiere enseñarte hoy. Cultiva tu relación personal con Dios, no solo como tu Señor, sino también como un Padre bueno que te ama y quiere hacerte completa en Cristo. Lee la Biblia, no por rutina, sino para descubrir qué carta de amor Dios te ha escrito cada día. Entonces verás que Él hace todo hermoso en su tiempo...

EXAMINA TU CORAZÓN

- ¿Qué mentiras has creído sobre esta etapa? ¿Qué ideas falsas sobre la soltería debes romper en oración y sacar de tu mente hoy?

- ¿Qué cosas podrías empezar a hacer desde hoy para disfrutar de esta etapa, y para aprovecharla como Dios espera que lo hagas?

OREMOS JUNTAS

Señor, queremos pedirte perdón si alguna vez nos hemos quejado por estar todavía solteras, o si hemos pensado que nuestra vida sería más feliz si ya tuviéramos un novio o marido. Perdón por todas esas veces que soñamos despiertas con una relación al estilo de las películas, porque esto termina siendo un ídolo que nos impide conocerte a ti y nos distrae de trabajar durante este tiempo en lo que realmente importa. ¡Queremos verte a ti como nuestra fuente de paz y de alegría! Ayúdanos a recordar que somos completas en Cristo, y muéstranos en qué áreas debemos crecer y madurar antes de pasar a la siguiente etapa de nuestra vida.

Señor, hoy te pido que me muestres qué cosas debo sanar de mi pasado. Qué heridas o recuerdos de mis amigos o de novios anteriores. Muéstrame mis errores también, y los patrones errados que debo romper. Ayúdame a conocerte más en ese tiempo, a profundizar en mi relación contigo, y a confiar en tu cuidado y tu amor. Enséñame a verme como tú me ves, y a descansar sabiendo que tienes planes hermosos para mi vida. ¡Quiero ser una chica llena de ti!

Amén.

DÍA 29:
ARMAS PARA LA VICTORIA

En Jueces 6 encontramos una historia interesante. Como los israelitas hacían lo malo y habían caído en la idolatría, el Señor los entregó a los madianitas durante siete años.

Los madianitas eran crueles, saqueaban los campos, destruían las cosechas (de hecho, son descritos como una plaga de langostas), los atacaban, les robaban el ganado y los dejaban sin comida.

Los israelitas, mientras tanto, se escondían en cuevas y en montes. Algunos murieron de hambre y su tierra quedó desolada. Entonces los israelitas clamaron al Señor por ayuda, pero Dios les dijo que eso les había pasado por desobedecer.

En determinado momento, Dios eligió a un hombre llamado Gedeón y mandó un ángel para que le dijera:

" —¡Guerrero valiente, el Señor está contigo!".

Jueces 6:12 (NTV)

Unos versículos más adelante, el mismísimo Señor lo miró y le dijo:

"—Ve tú con la fuerza que tienes y rescata a Israel de los madianitas. ¡Yo soy quien te envía!".

Jueces 6:14 (NTV)

Al principio Gedeón dudó. Él no se sentía listo para ser usado por Dios. Pero finalmente obedeció el llamado que Dios tenía para él. Esa noche Dios le dijo dos cosas: que derribara el altar que su padre había levantado a Baal y que derribara el poste de Asera.

Gedeón hizo lo que el Señor le había dicho.

"Entonces el Espíritu del Señor descendió sobre Gedeón, y este, con un toque de trompeta, llamó a las armas...".

Jueces 6:34

¡Hombres de más de seis tribus se le unieron! Pero faltaba algo:

"Entonces Gedeón le dijo al Señor: «Si realmente me vas a usar para salvar a Israel en la forma prometida, pruébamelo de esta manera...".

Jueces 6:36-37

A continuación, Gedeón le pidió al Señor dos señales, y el Señor se las dio. Luego, cuando Gedeón ya estaba con todo el ejército listo para pelear, Dios le dijo:

"... «Los que están contigo son muchos. No puedo permitir que todos se enfrenten a los madianitas, porque entonces el pueblo de Israel se jactará delante de mí de que se han salvado por su propia fortaleza. Haz que todos los que tengan miedo y tiemblen vuelvan a sus casas»".

Jueces 7:2-3

Así, veintidós mil hombres se fueron, y solamente quedaron diez mil. Pero Dios dijo: *"...Todavía son demasiados..."* (v. 4), y puso una prueba más para decidir quiénes serían los que irían a pelear con Gedeón. Quedaron trescientos hombres, y el Señor le dijo a Gedeón: *"Yo venceré a los madianitas con estos trescientos hombres ...".*   (v. 7).

¡Ahora mira el desenlace de esta historia!

"Dividió a los trescientos hombres en tres grupos. Le dio a cada hombre una trompeta y un jarrón con una antorcha encendida dentro de él. Entonces les expuso su plan. «Cuando lleguemos junto al campamento —les dijo—, hagan lo que yo haga. Tan pronto como los hombres de mi grupo y yo hagamos sonar las trompetas, ustedes harán sonar las de ustedes por todos los costados del campamento y gritarán: '¡Peleamos por el Señor y por Gedeón!'».

Fue justamente después de medianoche, cuando se produjo el cambio de guardias, que Gedeón y los cien hombres suyos llegaron hasta las inmediaciones del campo de Madián.

Repentinamente hicieron sonar sus trompetas y rompieron los jarrones para que las antorchas brillaran en la noche. Inmediatamente los demás hombres hicieron lo mismo, y tocando las trompetas que tenían en la mano derecha y con las antorchas encendidas en sus manos izquierdas gritaban: «¡Peleamos por el Señor y por Gedeón!».

Y se mantuvieron firmes y observaron cómo todo aquel enorme ejército comenzó a correr de un lado a otro, gritando y huyendo presa del pánico. En la confusión el Señor hizo que los soldados enemigos comenzaran a pelear entre sí y a matarse unos a otros de uno al otro lado del campamento, y que huyeran en la noche a lugares tan lejanos como Bet Sitá, cerca de Zererá, y hasta la frontera de Abel Mejolá, cerca de Tabat".

Jueces 7:16-22

¡Qué historia tan increíble! Un pueblo frágil, amenazado y vulnerable, que con la ayuda de Dios aprendió a usar cinco armas para lograr la victoria. ¡Veamos cuáles fueron esas armas!

1- Trompetas

Las trompetas simbolizan la alabanza. El sonido de la trompeta era la declaración de la victoria por la fe. ¡El enemigo no soporta que alabemos a Dios en medio de circunstancias difíciles!

Por eso, necesitamos aprender a alabar a Dios en todo momento, recordando que Él es todopoderoso, victorioso, grande, Dios de imposibles... ¡Alabemos a Dios recordando sus obras en el pasado, y dando gracias por lo que Él hará en nuestra vida hoy y en el futuro!

2- Vasijas rotas

La Biblia nos compara con vasijas de barro, y al hablar de vasijas rotas estamos hablando de quebrantamiento. ¡Nosotras debemos ser barro en manos del alfarero!

"¡Oh Señor, tú eres nuestro Padre! Somos la arcilla y tú el alfarero: todos fuimos modelados por tu mano".

Isaías 64:8

¡Necesitamos soltar nuestro orgullo y vivir en humildad para poder ser moldeadas por Él!

3- Antorchas

Las antorchas nos hablan de fuego y luz, y esto me hace pensar en un corazón humilde, quebrantado ante Dios, que recibe la unción del Espíritu Santo. ¡Avivemos el fuego del Espíritu Santo en nuestra vida!

Además, me hace pensar en Jesús, que es la luz que brilla en nosotras y a través nuestro:

"...Yo soy la luz del mundo. El que me sigue no andará en tinieblas, sino que tendrá la luz de la vida".

Juan 8:12

4-Gritos

"... «¡Peleamos por el Señor y por Gedeón!»".

Jueces 7:20

¿Cuál es tu grito? ¿Cuál es tu declaración?

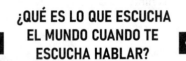
¿QUÉ ES LO QUE ESCUCHA EL MUNDO CUANDO TE ESCUCHA HABLAR?

¿Qué es lo que escucha el mundo cuando te escucha hablar?

¿Por quién peleas?

5-Firmeza

Los hombres de Gedeón permanecieron en su puesto y observaron la confusión del enemigo. ¡Nosotras hoy necesitamos permanecer firmes, paradas sobre las promesas de Dios!

"¡Gracias a Dios que nos da la victoria por medio de Jesucristo, nuestro Señor! Por eso, amados hermanos míos, estén firmes y constantes; trabajen siempre para la obra del Señor, conscientes de que nada de lo que hagamos para el Señor será en vano".

1 Corintios 15:57-58

No te rindas, no desmayes, no bajes los brazos. ¡Permanece en tu puesto, creyendo y confiando en Dios! ¡Usa las armas que hemos visto hoy, y Él te dará la victoria!

EXAMINA TU CORAZÓN

- Vuelve a repasar la lista con las cinco cosas que los hombres de Gedeón usaron para conseguir la victoria. ¿En cuáles de estas áreas debes trabajar en tu vida?

- Al principio, Gedeón dudó de si él podía ser usado por Dios. ¿Te ha pasado a ti lo mismo alguna vez? ¿En qué circunstancia? ¿Qué piensas al respecto luego de haber leído la historia de Gedeón?

OREMOS JUNTAS

Señor, haznos entender que no se trata de nosotras, ni de nuestras fuerzas. ¡Tú eres el Dios que nos salva! Solo necesitas que seamos obedientes y pongamos nuestra confianza en ti.

Padre, te pido perdón por mi orgullo, por pensar que puedo obtener la victoria con mis propias fuerzas. ¡Quiero alabar tu nombre en medio de mis circunstancias, Señor! Quiebro hoy mi corazón delante de ti. Moldéame, y haz que tu luz brille en mí. Mi grito de guerra será tu Palabra, y permaneceré firme, parada sobre tus promesas. ¡Gracias Señor porque sé que me darás la victoria!

Amén.

DÍA 30:
EL BUEN SAMARITANO

Seguramente habrás leído alguna vez la parábola del buen samaritano. Jesús contó esta parábola cuando un maestro de la ley le preguntó: *"¿Qué tengo que hacer para tener la vida eterna?".* A esto, Jesús le preguntó qué era lo que estaba escrito en la ley, y el maestro le contestó que debía amar a Dios y amar al prójimo, pero luego le preguntó a Jesús: *"¿Y quién es mi prójimo?".* Entonces, Jesús le respondió con esta parábola:

"... —En cierta ocasión, un hombre iba de Jerusalén a Jericó y cayó en manos de unos ladrones. Estos le quitaron todo lo que llevaba, lo golpearon y lo dejaron medio muerto. Entonces pasó por el mismo camino un sacerdote que, al verlo, se hizo a un lado y siguió de largo. Luego, un levita pasó también por el mismo lugar y, al verlo, se hizo a un lado y siguió de largo. Pero un samaritano que iba de viaje por el mismo camino, se acercó al hombre y, al verlo, se compadeció de él. Llegó adonde estaba, le curó las heridas con vino y aceite, y se las vendó. Luego lo montó sobre su propia cabalgadura, lo llevó a un alojamiento y lo cuidó. Al día siguiente, le dio dos monedas de plata al dueño del alojamiento y le dijo: «Cuídeme a este hombre, y lo que gaste usted de más, se lo pagaré cuando vuelva». ¿Cuál de los tres piensas que se comportó como el prójimo del que cayó en manos de los ladrones?

El maestro de la ley contestó:

—El que se compadeció de él.

Entonces Jesús le dijo:

—Anda pues y haz tú lo mismo".

Lucas 10:30-37

No me imagino qué habrá hecho el hombre de esta historia al recuperarse. Probablemente no haya podido encontrar al samaritano que lo había ayudado para agradecerle, pero yo creo que cada vez que salía a caminar, buscaba a los lados del camino, debajo de arbustos, entre las piedras y rincones, para ver si veía a alguien herido o lastimado por ladrones y poder ayudarlo. Es que hay una verdad alrededor de un corazón compasivo: cuando tú has sido herido, y has recibido tanto la indiferencia de la gente como la compasión, desarrollas una mayor sensibilidad hacia el que sufre. ¡Empiezas a ver las necesidades de la gente, y te sientes impulsado a ayudarles!

> **DEBEMOS APRENDER A ESTAR ALERTAS PARA DETECTAR CADA OPORTUNIDAD DE SER LAS MANOS DE DIOS EN LA TIERRA**

Hoy en día, hay a nuestro alrededor mucha gente sufriendo por distintas causas. Debemos aprender a estar alertas para detectar cada oportunidad que tenemos de ser las manos de Dios en la tierra. Necesitamos mantener los ojos abiertos para ver el sufrimiento de los demás y ser parte de la solución a sus problemas.

Aquí hay otro detalle que podemos aprender de esta parábola. ¡Debemos mantener abiertos los ojos, sí, pero lo más importante es tener el corazón abierto para ser generosas y ayudar a quien lo necesite! Antes del samaritano pasaron otras dos personas, y ellos también vieron al hombre herido. Sin embargo, eligieron seguir de largo. Tal vez tenían un amor teórico, poco práctico. Pero el caso del samaritano fue diferente.

¿En qué ocasiones actuamos nosotras como los primeros dos hombres? Cuando tenemos actitudes como estas frente al que sufre:

- «¿Todavía te duele que él te haya dejado? ¡Pero si ya ha pasado tiempo! ¡Madura de una vez!».

- «¿Tu hijo aún sigue en tratamiento médico? ¡Ora ya por sanidad!».

- «Seguro que no es tan grave como me lo cuentas... ¡estás exagerando!».

- «¡A mí me sucedió lo mismo y salí adelante! No te preocupes que se te pasará rápido».

- «¡No pasa nada, tú eres fuerte, levántate!».

- «Seguro que lo que ocurrió era la voluntad de Dios. Tranquilo, hay un propósito en esto. Si no estás tranquilo es porque no confías en Dios».

Este tipo de actitudes ya las vio Santiago, y por eso escribió:

"Por ejemplo: un hermano o una hermana no tiene ropa para vestirse y tampoco tiene el alimento necesario para cada día. Si uno de ustedes le dice: «Que te vaya bien, abrígate y come todo lo que quieras», pero no le da lo que necesita su cuerpo, ¿de qué le sirve?".

Santiago 2:15-16

Al buen samaritano no le importó que su día fuera interrumpido. A él no le importo si se le hacía tarde y anochecía. A los otros dos personajes sí. Ellos tenían que llegar a su destino fuera como fuera. El samaritano en cambio, tenía clara la meta, y de hecho finalmente llegó a su destino, pero para él la gente era más importante. ¡Eso es algo que debemos aprender!

Yo pienso que cuando Jesús contó esta historia, Él estaba hablando un poco de sí mismo...

Él es quien nos vio heridos y en necesidad, y se detuvo, se acercó y nos sanó. La Biblia dice:

"Él sana a los quebrantados de corazón y les venda las heridas".

Salmos 147:3

¡Jesús llevó sobre sí mismo nuestro dolor, y con su sangre pagó el precio para que nosotras volviéramos a Dios!

También vemos en el texto que el samaritano no solamente pagó el alojamiento y el cuidado para los días siguientes, sino que la primera noche él mismo cuidó al herido. Y Jesús hace lo mismo con nosotras. ¡Él se compadece de ti! Él sabe lo que estás pasando, y quiere ayudarte, cuidarte y sanarte.

De modo que podemos sacar dos enseñanzas importantes de esta parábola:

Cuando andes por el camino, que tus ojos y tu corazón estén atentos para que puedas ser usada por Dios ayudando a quienes lo necesiten.

Y si tú eres el herido, tranquila... Jesús te ha visto, se ha acercado, y Él tiene para ti su sangre, su espíritu y su Palabra. ¡Él te cuidará! ¡Puedes estar segura en sus brazos!

EXAMINA TU CORAZÓN

- ¿Dejarías que la necesidad de alguien te detuviera? ¿Harías un alto en tu camino para ayudar a otros?

- ¿A quién has visto últimamente que necesita de tu compasión? ¿Quién necesita tu ayuda? ¿Quién necesita que laves sus heridas y lo cuides por un tiempo?

- ¿En qué área de tu vida tienes heridas que necesitas que sean sanadas por Dios?

OREMOS JUNTAS

¡Señor, gracias por vernos! ¡Gracias por detenerte y hacer algo por nosotras! Te damos gracias porque no eres un Dios indiferente. Gracias por tu compasión y por tus cuidados hacia nosotras. Y gracias por enviar a Jesús para que pagara el precio de nuestra salvación y restauración.

Señor, yo te doy gracias por tu sangre, por tu Espíritu Santo y por tu Palabra que me alienta. ¡Gracias por ver mi sufrimiento, y por sanar mis heridas! Te pido hoy específicamente que me ayudes a sanar

_____ y _____.

También te pido Señor que me ayudes a ser sensible al sufrimiento de otros. Que lo que he recibido de ti, lo pueda dar, y con el mismo amor con que tú me ayudaste, pueda yo ayudar a quienes lo necesiten. ¡Úsame, Señor!

Amén.

DESCUBRE EL NUEVO SITIO DEL INSTITUTO E625

Y lleva tu ministerio al siguiente nivel.

www.InstitutoE625.com

Escanea el código para ver más

¡SUSCRIBE A TU MINISTERIO PARA DESCARGAR LOS MEJORES RECURSOS PARA EL DISCIPULADO DE LAS NUEVAS GENERACIONES!

Lecciones, bosquejos, libros, revistas, videos, investigaciones y mucho más
e625.com/premium

Suscripción de **materiales premium** para iglesias

Recursos gratis

Tienda con envíos internacionales

Chat en tiempo real

Revista Líder 6.25

INSTITUTO e6 25

Educación online **www.institutoe625.com**

Libros Online

Seminarios para iglesias locales

Eventos de **actualización** ministerial

e625.com TE AYUDA TODO EL AÑO